Samir Bouadi
Agathe Colombier-Hochberg
Éric Faure

Traité ultime voire définitif des banalités

à l'usage des gens exceptionnels

qui ne veulent pas le rester

• MARABOUT •

Sommaire

Deuxième partie

Troisième partie

[Avant-propos]

« Regarde les animaux qui sont d'une taille exceptionnelle :
le ciel les foudroie et ne les laisse pas jouir de leur supério-
rité ; mais les petits n'excitent point sa jalousie. Regarde les
maisons les plus hautes, et les arbres aussi : sur eux des-
cend la foudre, car le ciel rabaisse toujours ce qui dépasse
la mesure. »

Hérodote
Enquête, VII-10

Banalitologisme, banalithérapie, banalogisme, banalogique,
banalattitude..., autant de termes qui ne nous satisfont pas
lorsqu'il s'agit de faire **l'apologie du Banal**.
Plus qu'un concept, moins qu'une religion ; c'est une profession de foi, un état d'esprit assumé, une revendication philosophique... un art de vivre, en somme ! Parce qu'il faut bien le

reconnaître : le rêve de chacun est de ressembler à tout le monde. Certains y parviennent mieux que d'autres.

Ce livre n'est pas seulement un guide, c'est aussi un manifeste.

Toute tentative d'originalité vous conduira à votre perte. Depuis que le monde est monde, des tas de petits malins ont essayé de sortir du lot et tous ont mal fini : Jésus, Napoléon, César, Lady Di, Michael Jackson... La liste est longue des téméraires qui ont cru trouver leur bonheur dans une tentative échevelée d'échapper au quotidien. La chèvre de Monsieur Seguin elle-même, qui ne connaissait pas la notion d'hubris (inclinaison coupable pour la démesure chez les Grecs anciens), eut l'outrecuidance de croire que le vaste monde lui était ouvert. Quelle conne ! Mais elle n'est pas morte pour rien... Que tous ceux qui comme elle n'ont pas fait de longues études se rassurent : ce livre palliera toute carence intellectuelle.

Attention ! On peut être banal et brillant. Nous avons conscience d'écrire une œuvre majeure qui ridiculise des siècles de bavardages stériles autour de la philosophie, la psychanalyse, ou la métempsycose, et qui flingue toutes les théories foireuses du « mieux-être ». Il n'y a qu'une façon d'être heureux, c'est de lire ce bouquin et d'appliquer à la lettre l'unique recette qu'il propose : **soyez exceptionnellement banal en toutes circonstances !**

Nos lecteurs, conscients de l'absurdité du monde dans lequel nous vivons, trouveront ici une arme qui leur permettra de se sortir de toute situation fâcheuse : demande en mariage, négociation avec banquier, dîner de famille, flagrant délit (de mensonge, d'adultère, d'assassinat...), envoi de cartes postales, grossesse, amnésie, enterrement, soirées diapo...

Ce livre est une déclaration de guerre, un pavé dans la mare, un coup de pied dans la fourmilière ; il y eut l'avant et l'après-Galilée, il y aura l'avant et l'après-nous.

Étant conscients des dangers inhérents à la remise en question de toute pensée établie depuis Mathusalem, nous avons pris nos dispositions.

À bon entendeur.

Quant à ceux qui entendront notre vérité, ils n'en sortiront pas indemnes. Ce livre fera de vous une personne différente. Soudain, **vous ne vous cacherez plus pour lire *Voici*** et **vous serez fier de commenter la météo** ; votre désir de ressembler à votre voisin deviendra une revendication légitime et assumée.

Votre avis n'intéresse personne, sauf si c'est le nôtre. **Devenez Monsieur Tout-Le-Monde et Madame Quelconque.** Cette uniformisation ba(na)lisera votre chemin vers ce bonheur serein et rassurant que procure la sensation de devenir un individu semblable à tant d'autres.

Vous l'aurez compris, rigueur et austérité ont prévalu à la rédaction de ce pamphlet. Les banalités sélectionnées satisfont des critères d'une sévérité insoupçonnable.

Une banalité est :
- une phrase ;
- à teneur réduite ;
- entendue fréquemment ;
- véhiculant une croyance sociale ;
- d'une véracité relative (fausse ou juste, peu importe...).

Une banalité n'est pas :
- une expression ;
- un proverbe ;
- une citation ;
- une information.

Notre sélection exclut également les propos dictés par la politesse la plus élémentaire (bonjour, merci, quelle pouffiasse !, etc.) et les lieux communs.

Les 5 fonctions de la banalité

1/ Accompagner le premier contact : 80% de la communication est non verbale, surtout lors d'une première rencontre. À ce moment-là, on juge l'autre à l'impression qu'il génère en nous (gestuelle, posture, voix, intonation).
Parler : n'oublions jamais que le but n'est pas d'émettre un contenu, mais d'émettre un son articulé, une agréable bande-son. Le tout est d'instaurer un climat de confiance et de convivialité en évitant soigneusement tout sujet qui fâche.

2/ Tuer le silence : une banalité vaut mieux qu'un long silence, qui peut donner lieu à une remise en question, voire à une véritable réflexion. Par ailleurs, certains regards peuvent trahir un désaveu de l'interlocuteur ; il est donc nécessaire de dissiper le doute par de vaines paroles.

3/ Privilégier une conversation intérieure : l'échange de banalités avec un tiers n'entrave en aucun cas un échange passionnant entre soi et soi.

4/ S'intégrer : l'assénement régulier de banalités bien senties vous sociabilise. Le but ultime est de susciter une approbation, un accord, la sécurité qu'apporte le sentiment d'appartenance.

5/ Il n'y a pas de 5. Mais dans la mesure où le chiffre 5 prédomine dans ce genre de liste, nous n'allons pas commencer à nous distinguer en utilisant un chiffre aussi peut usité que le 4.

premiè

*C*hers amis, nous y sommes. Vous allez entrer dans l'univers magique, pluridimensionnel, et parfois déroutant des banalités. Déroutant pourquoi ? Parce que, dans l'histoire, aucun penseur avant nous ne s'est assigné la tâche de désigner ce monde auquel nous appartenons tous et auquel nous devons tant. Il fallait du courage, de l'abnégation, et un bel altruisme ; ils ne nous ont jamais manqué et éclairent notre quête.

N'ayant pas réussi à nous mettre d'accord sur les termes qui décrivent la banalitologie, nous avons tiré à la courte paille et chacun y a gagné le droit d'utiliser son terme de prédilection au moment de son choix – en fonction de la longueur de sa paille, cela va de soi.

Nous avons conscience qu'il est parfois difficile de reconnaître l'évidence, aussi nous allons vous prendre par la main pour vous

re partie

aider à franchir les étapes qui vous conduiront à l'éveil.

Il apparaît que certaines personnes de peu de foi doutent de la légitimité de la banalité et vont chercher dans la singularité la source d'une sérénité qu'ils ne trouveront jamais. Dans une première partie, nous avons donc entrepris de commenter les banalités que nous avons pris le soin de contextualiser, afin de souligner leur utilité. Mais au grand dam de certains spécialistes de l'enseignement qui pensent qu'humour et culture ne font pas bon ménage, nous avons pris la décision de saupoudrer ces premiers chapitres de traits d'humour franchement irrésistibles, histoire de rendre cette initiation moins austère. Nous vous assurons ainsi de franches tranches de rigolade !

Bon voyage, arrivederci, è pericoloso sporgersi !

[*Vous recevez*]

« Vous reprendrez bien un peu d'anguille vivante ? »

Maïté

Vous avez trouvé facilement ?
Posez systématiquement la question, même si vous invitez vos voisins de palier.

Vous avez fait vite !
Être banal n'interdit pas de faire respecter son emploi du temps. Même si vous êtes prêt(e), déshabillez-vous à toute allure et enfilez un peignoir afin de faire comprendre aux coupables qu'une heure et demie d'avance c'est trop.

Ne restez pas dehors !
Attendez un laps de temps qui ne doit pas excéder 17 secondes avant de laisser pénétrer ces gens dont vous ne savez rien.

Vous avez fait bonne route ?
Même s'il a des traces de cambouis sur les mains, qu'elle a des traces de Rimmel sur les joues et un bout de carte routière au coin de la bouche et que les enfants sentent le vomi... enchaînez directement par :

C'était bien indiqué, hein ?

S'ils osent tenter de vous raconter leurs mésaventures, coupez net et concluez :

Enfin vous êtes là, c'est l'essentiel !

Vous avez réussi à vous garer !
Certes, vous habitez une rue déserte à la campagne, mais après ce qu'ils viennent de vivre, n'hésitez pas à les valoriser en insistant sur « réussi ».

Je vous débarrasse ?
En posant cette question, évitez de regarder leurs enfants...

Fallait pas !
À dire surtout s'ils sont venus les mains vides.

Vous avez fait des folies !
Vous permet de dire tout et son contraire. S'ils vous répondent *« Ça nous fait plaisir »*, demandez-vous si ces gens-là vous aiment vraiment.

Je vais tout de suite les mettre dans l'eau.
À dire particulièrement s'il s'agit de chocolats, d'un livre ou d'un DVD porno ! Tout le monde rit, la glace est brisée, la soirée démarre sur les chapeaux de roue !

Vous avez bonne mine !
Fonctionne aussi bien avec ceux qui rentrent de vacances qu'avec ceux qui rentrent de chimio.

Et la petite famille ?

À éviter si vos invités sont des nains.

Ça vous dérange pas, si on passe à table maintenant ?

Même si ça les dérange, il faut accélérer le rythme : on est à peine à l'apéro que déjà les sujets de conversation se raréfient comme l'oxygène, surtout qu'ils fument comme des pompiers. Vous êtes parti pour une soirée en apnée. Il va falloir faire court, le diagnostic vital est engagé.

Et puis il n'est pas nécessaire de s'attarder, surtout que...

Les cacahuètes, ça bourre !

S'il y a des retardataires...

On va passer à table, ça les fera venir...

Scientifiquement, le lien de la causalité n'est pas établi, mais souhaitez-vous vraiment amener la conversation sur ce terrain ?

[À table]

« J'éteins l'électricité si tu te mets à table ! »

Le légionnaire Grisoni lors de l'opération
de maintien de l'ordre en Algérie.

Vous êtes l'hôtesse, vous direz...

Ne m'attendez pas, ça va refroidir.

Après le relâchement de l'apéritif, le début du repas est l'occasion d'affirmer votre autorité : c'est vous qui décidez à quelle température se mangent les plats. Cela peut aussi vous permettre d'accélérer les agapes en cas de rediffusion de l'épisode 7 de la saison 1 de *24 heures chrono* (celui où il se fait torturer par un chinois mais il donne pas l'adresse).

C'est à la bonne franquette !

« Franquette » n'est pas une personne existant ou ayant existé. La question de son intégrité ne se pose donc pas.

Vous m'en direz des nouvelles...

Insinue franchement que c'est l'heure des compliments.

Resservez-vous, il en reste...

Les kamikazes peuvent le tenter bien qu'il n'en reste plus une miette et que vous ayez déjà raclé le plat. Être banal n'implique pas le manque de courage.

Ça vous plaît ? Parce que c'est la première fois que j'essaye...

Vous permet de tester votre cuisine sur des invités de seconde division en vue d'un dîner avec des gens importants la semaine suivante, sachant que ce sera encore meilleur avec des produits frais.

L'hiver, il faut manger des choses qui tiennent au corps.

Justifie l'achat massif de flageolets en promo. Excellent rapport volume-prix.

C'est moi qui l'ai fait !

Si c'est bon, vous êtes banalement prétentieux. Si c'est mauvais, vos invités seront banalement menteurs (lâches ?) : « C'était très bon mais j'ai pas très faim. »

Je me suis fait aider...

Quatre hypothèses...

A/ Comme vous êtes incompétent en tout, n'hésitez pas à préciser.

B/ Faites-moi confiance, c'est dans l'intérêt général.

C/ Quel que soit le secteur d'activité, vous admettez avoir souvent recours à une tierce personne pour réaliser vos projets.

D/ La dernière fois que j'ai essayé seule :

1/ on a dû appeler un exorciste ;

2/ on a dû déménager.

Le sel, on peut toujours en ajouter mais jamais en enlever...

Soyez banal mais constructif : apostrophez celui qui en reprend et enchaînez avec les risques liés à l'excès de sel et les maladies cardio-vasculaires. Néanmoins veillez à ne pas trop donner de goût à la conversation, il faut qu'elle reste fade.

Vous allez quand même pas me laisser ça !

Pensez aux autres ! Ceux qui sont banalement timides n'attendent que ça pour vous tendre leur assiette. Permet aux inhibés de répondre : « *Puisque tu insistes !* »

Attention, ça c'est traître !

S'applique à l'alcool, à la harissa, et certains de vos convives qui se reconnaîtront.

T'as jamais mangé de pâté lorrain ?

Tout le monde en conviendra : rien ne remplace les spécialités régionales. C'est vrai qu'un bon couscous aux tripes...

Le mélange sucré-salé, c'est raffiné...

Du moins, ça l'était jusqu'en septembre 1997, mais cette phrase vous sauvera si vous avez fait tomber la mousse au chocolat dans la blanquette de veau.

Le champagne, ça tache pas.

Au cours d'un dîner en France, la moyenne est de 2 coupes par personne. Attention au renversage qui vous fera ouvrir une autre bouteille et exploser la moyenne nationale.

Tu reveux un p'tit bout de tarte ?

Voir notre ouvrage précédent, *De l'utilisation du « re- » devant les verbes transitifs directs.* Se reporter plus spécifiquement au chapitre « Abus ».

Les restes, ils vont nous faire la semaine !

Vous avez compté large, comme la plupart des gens. Jusqu'ici tout va bien. D'autre part, comme tout le monde fait ses courses à 18 heures, même si vous aviez toute la journée de libre, vous avez attendu l'heure d'affluence pour vous précipiter au supermarché. C'est l'heure où l'on a faim et vous avez trop acheté. Jusqu'ici tout va bien.

Je vous fais un doggy bag ?

La question est banale, le refus poli qui s'ensuit aussi. Vous tenez le bon bout !

Laissez, laissez, je le ferai tout à l'heure...

Attendez qu'ils aient fini de débarrasser pour protester. À être banal on n'en est pas moins fourbe.

Allez, ça se garde pas !

D'autant que vous auriez préféré qu'ils vous offrent des fleurs plutôt qu'un munster...

J'ai un très bon boucher.

Le « J'ai un très bon » vous place implicitement dans la catégorie de ceux qui ont aussi un très bon avocat, dentiste, tueur à gages...

Quand les produits sont bons...

La banalité se nourrit de fausse humilité.

Une purée sans muscade, c'est pas une purée !

Comme un repas sans fromage, des vacances sans soleil, et une femme sans caractère.

C'est la sauce qui fait tout !

C'est vrai que les escargots nature, c'est de la limace.

Les pâtes, ça met tout le monde d'accord.

Le but étant d'être consensuel, évitez tout plat tiers-mondiste à base de céréales et de sauce qui arrache la gueule.

Bois un coup, ça te réchauffera !

Mettez vos invités à l'aise, surtout les alcooliques. Les minorités qui s'assument mal ne sont pas les moins actives, sachez les déculpabiliser et réseauter implicitement.

Un p'tit dernier pour la route ?

Histoire de pas rater le platane...

C'est un p'tit vin sans prétention.

Comme vous...

Avec ou sans bulles ?

Attention à ne pas frôler la perfection, ce qui vous ferait sortir du cadre !

Je commence à m'y connaître en vins.

Insistez sur le « commence », étant entendu que la majorité des gens commencent et ne terminent jamais.

Moi, j'y connais rien, je prends celui qui a la plus belle étiquette.

C'est une variante intéressante, mais néanmoins périlleuse car elle sous-entend que vous avez un sens aigu de l'esthétique.

C'est une recette de famille.

Vous n'êtes pas une rebelle. Vous n'avez bafoué les préceptes familiaux qu'entre 13 et 18 ans. Tout va bien.

Même dans les grands restaurants, ils mélangent la salade avec les mains.

Phrase à la con. Une par repas.

Il faut manger de tout, mais sans excès.

Mais sans excès !

[VOUS ÊTES INVITÉ VOUS DIREZ...]

« Ça a l'air bon. »

> À dire en toutes circonstances quelles que soient les circonstances.

T'as besoin d'un coup de main ?

Ponctuez votre question par un petit rire qui indiquera qu'il n'en est pas question. Ici, nous atteignons le summum : vous maîtrisez l'humour banal.

Faudra que tu me donnes la recette !

Demandez toujours la recette même s'il s'agit de coquillettes au beurre (marque, temps de cuisson, quantité de beurre...), la flatterie mesurée est l'une des conditions requises pour exceller dans la banalitude.

Pour les paresseux : à dire au conjoint pendant que sa délicieuse épouse remplit le lave-vaisselle. En ne vous adressant pas directement à elle, vous évitez de repartir avec ladite recette.

Tu nous as gâtés !

Surtout les dents !

T'as mis les p'tits plats dans les grands !

L'inverse serait techniquement irréalisable.

C'est pas de refus !

Vous mangez de tout, y compris de la vache folle, dès l'instant que c'est servi de bon cœur, ce qui ne vous empêche pas d'aborder les sujets d'actualité : pandémies, effet de serre, coiffure de Polnareff et autres bébés congelés...

Désolé ! Tu me fileras la note du pressing !

C'est tout bénéf : d'un côté, vous avez fait preuve d'empathie, de l'autre, il n'osera jamais vous envoyer la note.

Juste un peu, je fais attention à ma ligne.

Comme tous les maigres.

Moi, quand je suis seul(e), je mange pas.

N'insistez pas trop sur votre célibat prolongé, qui pour être un fait de société n'en est pas moins un sujet délicat. Vos hôtes établiront facilement le lien entre solitude et anorexie.

Les plus grands cuisiniers sont des hommes.

Votre hôtesse a de la moustache, c'est déjà un début.

Ta femme, c'est un vrai cordon-bleu.

N'hésitez pas à préciser que vous ne savez pas d'où vient l'expression. Donnera lieu à un échange immédiat de banalités historico-culinaro-linguistiques.

Ne me dis pas que c'est toi qui as fait ça ?

Là, vous en faites trop...

Je suis plus salé que sucré.

Peut se révéler très utile si, contrairement à ce qui était convenu, vous avez oublié d'apporter le dessert.

Ça fait du bien par où ça passe.

Un peu populo-vulgaire, mais n'oubliez jamais que nous sommes la patrie de Patrick Sébastien et de Stéphane Collaro.

Ma femme en fait aussi, mais c'est pas pareil.

En même temps, avec une seule main...

La Tour d'argent, c'est plus ce que c'était...

Ajoutez « d'après ce qu'on m'a dit », puisque vous faites partie de ceux qui n'iront jamais, moins par manque de moyens (encore que...) que par volonté banaliteuse.

La nouvelle cuisine, tu ressors t'as faim !

Alors qu'en arrivant ça allait très bien...

Ça fait du bien, de manger.

Vous savez apprécier les choses simples.

Je ressale toujours...

Vous permet de mettre le manque de goût du plat sur le compte de vos manies.

Toutes les phrases sur les régimes sont tellement banales que vous n'avez pas besoin de nos conseils...

Lundi, je m'y mets !
Vers minuit. Et mardi je fais une pause.

Passé 30 ans, faut faire gaffe.
Pour certains, c'est dès 3 ou 4 ans.

Les hommes, ils arrêtent le pain, ils maigrissent.
Si votre homme arrête aussi la bière, cela peut être une indication qu'il vous trompe.

Les hommes et les femmes, ça grossit pas pareil.
Et vice versa.

Y a un nouveau régime dans le *ELLE*.
Tu perds 30 kilos en 10 jours, mais tu peux mourir.

Josiane, elle a fondu ; faut dire : elle bouffe rien !
Elle a qu'à pas s'appeler Josiane.

Y a pas de régime miracle.
Sauf à Lourdes.

On va finir comme les Américains : 1 sur 2 est obèse.
Et l'autre est gros !

Sans oublier :

La graisse et le sucre, ça fait grossir.

Y a des régimes, tu bouffes que de l'ananas !
Variante : de la soupe, des légumes, des protéines...

C'est fou ce qu'elle a grossi !

... Et puis j'ai tout repris !

[LES AMIS]

« Je te fais confiance, tu veilles sur elle. »

Le roi Arthur à Lancelot du Lac.

C'est dans les épreuves qu'on voit ses amis.
Excellent préambule avant de taper quelqu'un que vous connaissez depuis la veille.
Une fois qu'il a vidé son compte, concluez par :

L'amitié, c'est sacré.

Un vrai copain, c'est mieux qu'une bonne femme.
Et puis ça coûte moins cher (encore que... voir plus haut).

Elle existerait pas, il faudrait l'inventer !
Le docteur Frankenstein y a pensé avant vous, avec le succès que l'on connaît.

Vaut mieux l'avoir en photo qu'en pension !
Surtout si c'est une invention du susnommé docteur Frankenstein.

José, il gagne à être connu.
Il gagne combien ?

Avec un ami comme ça, t'as pas besoin d'ennemi.

À dire au sujet de votre meilleur ami depuis la veille qui a refusé de vous consentir un prêt. Re-voir plus haut.

Elle a pris un coup de vieux.

Ignorez cette ignominie et faites de l'humour, demandez : « C'est qui le vieux ? »

Heureusement que j'étais là...

La banalitation n'interdit pas l'autosatisfaction.

T'es au courant pour Pierre ?

Pierre est votre ami. Inventez n'importe quoi (Pierre est une femme... Pierre est patron du KGB... Pierre aime les chèvres... Pierre aime le chèvre.... Pierre connaît des extraterrestres... Pierre a couché avec Raffarin... Pierre est un Teletubbie... Pierre flippe dans le noir... Toute la famille de Pierre est coréenne...), ça lui apprendra à parler de Pierre à tout bout de champ. Si, malgré tout, votre interlocuteur trouve le moyen de surenchérir, ne vous laissez pas déstabiliser.

On a vécu des tas de trucs ensemble !

À ponctuer d'un petit regard dans le vide et à conclure par une grimace douloureuse en vous massant l'épaule gauche, évocatrice de votre passé commun au GIGN.

Un vrai ami, t'as pas besoin de l'appeler tous les jours.

Sauf s'il s'agit de Pierre.

C'est comme si on s'était quitté la veille.

Deux solutions :
1. c'est le cas ;
2. il faudra attendre le prochain enterrement pour avoir un truc à se dire.

Assez parlé de moi...

À dire en hélant un taxi, devant le restaurant où un ami vient de vous inviter à dîner.

On choisit ses amis, pas sa famille.

N'hésitez donc pas à vous débarrasser des losers et des pique-assiettes.

J'ai tout de suite su qu'on allait devenir de grands amis.

Mauvais préambule pour demander une augmentation à votre patron. Bon préambule avant de se rendre compte au dessert qu'on a oublié son portefeuille.

Faut le prendre comme il est.

C'est-à-dire dans la position de son choix.

Ça, c'est tout lui !

À employer d'un ton fataliste en apprenant qu'un de vos meilleurs amis a tenté de violer simultanément votre mère et vos jumeaux.

T'as pas changé.

L'ablation de l'anus est devenue une opération très courante.

Tu changeras jamais.

Tu en es à ta septième condamnation pour homicide volontaire, mais, avec tes potes, tu es vraiment sympa.

Il nous enterrera tous !

Sacré Pierre...

Ceci dit, il est très sympa.

À proscrire lorsque vous apprenez que l'un de vos meilleurs amis est dans le coma.

Il est pas méchant.

Vous permet de rétablir un semblant de mansuétude après avoir copieusement déblatéré sur un ami.

Jean-Claude, c'est une sacrée tête de con !

Dites-le en riant au cas où il aurait des amis dans la pièce, et laissez planer le doute.

Je l'aime bien, mais il est collant.

En cette ère de politiquement correct, sachez que vous tombez sous le coup de la loi relative au respect de la dignité humaine en parlant ainsi de votre ami trisomique.

L'amitié, c'est pas à sens unique.
Détrompe-toi, Pierre !

Je touche pas aux femmes de mes potes.
Surtout quand elles veulent pas...

Y a pas d'histoires d'argent entre amis.
Mais les bons comptes font les bons amis.

Je l'aime bien, mais je lui confierais pas ma femme.
Se décline à volonté : toutes les phrases commençant par « *Je l'aime bien mais...* » permettent de faire planer le doute sur quelqu'un que vous connaissez à peine.

Ça reste entre nous...
Se dit en baissant d'un ton. Ici, ce qui compte n'est pas tant le « ça reste » que le « entre nous », qui crée d'emblée le climat de confiance, préalable nécessaire à toute trahison.

Ils sont cul et chemise.
L'histoire ne dit pas qui est le cul et qui est la chemise...

Ils se sont bien trouvés.
Comme deux mythos sur Meetic.

Y en a pas un pour racheter l'autre.
D'autant plus que l'esclavage est aboli depuis 1848.

Tous les deux, on est complémentaires.
Vous êtes fauché, il est blindé, c'est tout à fait normal que vous vidiez son compte.

Dommage qu'on n'est pas pédés...
À manier avec précaution si vous êtes sous la douche après le sport.

[Les femmes et les hommes]

« Attendez ! c'était pour rire. »

Diane Tell, interprète de *Si j'étais un homme* au bloc opératoire.

Ils disent :

Toutes les mêmes.
Franchement, prenez Angelina Jolie et Jackie Sardou, à deux ou trois détails près, c'est les mêmes.

Elles comprennent rien à rien.
Votre meilleur ami, chômeur longue durée (voir la troisième partie), vient de se faire plaquer par sa femme, qui lui a préféré un jeune et bel astrophysicien promis à un brillant avenir, et qui vient d'hériter d'une fortune colossale. C'est vrai, lui direz-vous en guise de consolation, elles comprennent rien à rien.

Les femmes et la logique...
Le jeune et bel astrophysicien vient de demander la main de l'ex de votre ami et elle a accepté. Incompréhensible.

Ma femme, elle a toujours froid !
Sors-la du congélo.

On sait pourquoi elle l'a épousé.

Il y a deux raisons : l'argent ou le sexe, mais il n'y en a qu'une dont elle ne se lassera jamais.

Les femmes enceintes sont épanouies.

C'est vrai que congés payés + allocs...

Depuis qu'elle a maigri, c'est plus la même.

Maintenant qu'elle est belle, elle passe beaucoup moins de temps à la maison.

C'est sûr qu'elle s'est fait lifter.

Vous permet de justifier le fait que toutes les femmes sont plus belles que la vôtre.

Les femmes en ont après l'argent.

Et avant aussi.

Elle, on sait comment elle y est arrivée !

Rassurez votre ami qui après avoir passé vingt ans à glander dans la même société n'a jamais obtenu la moindre promotion, alors que son boulet de stagiaire (la femme la plus brillante, travailleuse et sympathique que vous ayez jamais rencontrée) vient d'être nommée directrice générale du marketing grâce à ses compétences et sans jamais avoir eu besoin de coucher avec qui que ce soit. Au passage, rappelez-lui qu'elle l'a maintenu à son poste contre l'avis général.

Elles prennent tout mal.
Même les coups !

Elles savent pas conduire.
Vous garantira une connivence immédiate avec tous les hommes du monde entier.

Elle fait tout le temps la gueule.
Déculpabilisez votre ami qui sort vient de passer une heure à l'hôpital auprès de sa femme qui est entre la vie et la mort, suite à un accident dont il est totalement responsable et qui l'a laissée dans le coma.

C'est pas ce que je voulais dire.
Vous l'avez comparée à Olive, la femme de Popeye, elle vous a répondu : « Et pourquoi pas Sim ? » ; et spontanément vous avez rétorqué : « Ah ouais, pas con ! » Même si vous n'aviez pas l'intention de la vexer, le mal est fait.

J'ai assuré.
Phrase attribuée à Jean-Marc Martin, assureur à Laon. Souvent reprise.

Moi, les pornos, ça me fait rien du tout.
Vous en avez trop vus ?

Elles disent :

Tous les mêmes.
Franchement, tu prends Brad Pitt et Garcimore, c'est les deux mêmes connards.

D'habitude, je le fais jamais le premier soir.
C'est la moindre des choses de chercher à atténuer son trouble après lui avoir imposé votre mère lors de votre première nuit d'amour.

Ça arrive à tous les mecs, c'est pas grave...
Ben si.

On est bien entre nanas.
Répondez franchement à votre mari qui se demande pourquoi vous dormez depuis quinze jours avec votre meilleure amie alors que lui fait canapé... S'il tente de relativiser la notion de meilleure amie en vous rappelant que vous ne la connaissez que depuis quinze jours, passez-lui le DVD de *Gazon maudit*.

Il a encore oublié mon anniversaire.
Rappelez-lui que votre divorce a été prononcé il y a plus de dix ans.

Je me demande ce qu'il va m'offrir pour Noël.
C'est vrai que ça va être difficile de faire mieux que le baromètre de l'an dernier.

Après tout ce que j'ai fait pour lui...

La prochaine en fera encore moins, mais elle aura vingt ans de moins.

Il ne fait plus attention à moi.

Votre amie est surmenée, elle a oublié que les gens de la télé ne nous voient pas.

Moi, je me suis toujours mieux entendue avec les hommes.

Phrase alibi de toute salope compétitive qui ne supporte pas que son pouvoir de séduction soit remis en question.

Je lui ai donné mes plus belles années.

Lui aussi.

Il est devant son foot.

Sois contente qu'il ne soit pas derrière ta mère.

Par ailleurs, il serait peut-être temps de corriger l'erreur du possessif « son foot » : n'encouragez pas votre conjoint à croire qu'il est seul propriétaire du match en cours.

Comment j'ai pu souffrir pour un con pareil !

Rappelez à votre amie que le con en question a quitté sa femme pour elle, et qu'il est mort dans des souffrances indicibles en ayant le bon goût de lui léguer la totalité de ses biens.

Il écoute jamais rien.
Faut peut-être essayer le langage des signes ?

Aucune sensibilité !
En même temps, il est dans le coma depuis vingt-trois ans...

On n'a qu'à sortir chacun de son côté.
Ça sent le roussi.

Mais qu'est-ce qu'on ferait sans eux ?
Garagistes ?

Moi, les pornos, ça me fait rien du tout.
Vous n'en avez pas assez vus ?

[Le couple]

« Je te fais la courte échelle et tu chopes la pomme, ok ? »

Adam à Ève *.

Le mariage, c'est une signature en bas d'un contrat.
Au lieu de passer votre temps à y mettre des petits coups de canif mesquins, déchirez-le une bonne fois pour toutes.

T'as même pas remarqué que j'ai changé de coiffure.
Vous permet de déclencher une scène de ménage dont vous sortirez en larmes ; lui se sentira tellement coupable qu'il ne pourra pas se permettre le moindre commentaire lorsque son relevé de carte bleue l'informera que cette coupe ratée lui a coûté 225 euros.

C'est plus comme avant.
Dites-le sans raison, deux à trois fois par jour avant les repas (à adapter selon votre poids et votre taille), cela vous permettra de couper court à tout débat le jour où il vous surprendra au lit avec votre amant, en arguant du fameux :

---

* Les auteurs sont heureux de mettre un terme à vingt siècles de culpabilité féminine en livrant ici le fruit de longues recherches sur les cinq continents : Ève n'a fait qu'exécuter les ordres. Pour toute information complémentaire, relisez notre *Petit Traité de théologie* en dix volumes.

J'ai pourtant actionné plusieurs fois la sonnette d'alarme mais tu n'écoutais pas.

Attends la fin du film.

Ben Hur vient de commencer, vous n'avez pas du tout envie d'honorer votre épouse ; si dans trois heures elle se réveille, remettez immédiatement au début.

Non, pas comme ça.

Votre femme a lu dans un magazine féminin à gros tirage que le nirvana, pour vous, serait un massage prolongé de la prostate par voie anale. Elle s'y emploie depuis trois mois déjà. Vous n'en avez jamais éprouvé le moindre plaisir, et cherchez un moyen de le lui faire savoir sans la vexer. Cette phrase en apparence banale devrait lui rappeler l'époque où elle la répétait en boucle, car, à son grand désarroi, vous ne juriez que par le *fist fucking*.

Bien sûr que je t'aime.

Si elle vous reproche de ne pas y mettre de conviction, surtout ne changez rien car les femmes prennent vite de mauvaises habitudes.

C'est pas ce que tu crois.

Votre femme vient de vous surprendre en pleins ébats avec un éphèbe, elle croit que vous lui faites un massage alors que vous êtes en plein coït. Rassurez-la : non, vous n'êtes pas en train de le masser, ces gestes de tendresse n'appartiennent qu'à votre couple. Vous êtes juste en train de le sodomiser ; elle n'a aucune raison d'être jalouse.

C'est quoi, ce cheveu blond ?

N'hésitez pas à rappeler à votre femme qu'à force de changer de couleur de cheveux elle a oublié qu'elle était blonde la veille.

Mets-toi sur le côté, tu ronfles.

Non, il ne ronfle pas, mais au moins lorsqu'il vous tourne le dos, vous n'avez plus à supporter son haleine fétide.

Tu dors ?

Plus maintenant.

T'as pensé au pain ?

Vous êtes boulanger de votre état, votre femme vous pose la question tous les jours depuis vingt-cinq ans. C'est le moment de vous poser la question : votre femme s'intéresse-t-elle vraiment à votre activité professionnelle ?

Crie pas comme ça, tu vas réveiller les gosses.

Je veux bien, mais desserre les menottes.

T'as parlé à ta femme ?

Cas n° 1 : Dites-lui la vérité : vous lui avez parlé... de beaucoup de choses ! Du chien, des courses, des devoirs du petit et de l'abonnement SNCF...

Cas n° 2 : Rappelez-lui que c'est elle votre femme, depuis que vous avez quitté votre maîtresse.

Avec toi c'est pas pareil.

Tout le monde vous est passé dessus, même le train. Mais lui, il est vraiment trop moche. Ceci tient lieu de justification...

Merde, je me suis pas lavé les dents...

Si, vous l'avez déjà fait deux fois, mais vous avez promis à votre troisième maîtresse de l'appeler.

C'est bien, ton livre ?

Elle est à la page 2 du même livre depuis trois mois, manifestement, elle pense à autre chose et il est temps que vous sachiez à quoi. Enchaînez avec :

À quoi tu penses ?

Si elle argue du fait que le livre est très compliqué, soutenez sans faillir que, la biographie de Loana, ça se lit plutôt bien !

T'as fermé à clé ?

Bonne nouvelle, votre femme est fidèle au point de vous rappeler de bien fermer sa ceinture de chasteté à chaque fois que vous quittez la maison.

T'as les pieds froids.

Attention, avant de lui reprocher son silence : si le cœur ne bat plus, c'est qu'il est mort.

Tu prends toute la place.

Si vous avez épousé un sumo, assumez. Sinon, vous avez juste envie d'aller dormir sur le canapé, ne vous en privez pas.

Laisse-moi un peu de couette.

Ce n'est pas une phrase de pédophile mais juste le constat exaspéré de quelqu'un qui en a marre de dormir les fesses à l'air.

Y a une araignée, je te dis.

Oui, il y en a même plusieurs. Et puisque vous avez fait la connerie de vous inscrire à Koh Lanta, il va même falloir les bouffer.

Réveille-toi, j'ai entendu du bruit.

Chers messieurs, c'est le lot de tout homme qui a fait croire à sa femme qu'il est un ancien champion de karaté d'être un jour confronté à la réalité. En l'occurrence, plusieurs hommes armés qui parlent le tchèque (ou peut-être le coréen) ont investi le salon, ils n'ont pas l'air commode du tout, notamment l'un d'entre eux que votre collection de films de Bruce Lee rend hilare. La suite, vous pouvez l'imaginer : en tentant de fuir, vous allez glisser à cause de vos patins, il s'ensuivra une volée de coups et autres tirages de cheveux. Votre épouse, qui ne comprendra pas ce qui se passe, ne pourra que constater l'efficacité relative de la pratique du karaté.

J'peux pas dormir avec la clim.

Retirez tout le dispositif de votre lit immédiatement.

C'était bien ?

Pour être somptueusement banale, cette question n'en est pas moins à éviter : lorsque c'est bien on le sait.

J'arrive pas à dormir avec ta télé.

Comme pour la clim : retirez le poste du lit.

Arrête de gigoter comme ça !

Votre femme vous fait un défilé de lingerie, soyez clément.

T'as mis le réveil ?

Oui, avec la clim et la télé.

Tu pars à quelle heure demain ?

Méfiez-vous : cette prise d'information peut être l'indice d'une activité extraconjugale. Nous vous conseillons de rentrer au bout d'une heure et rira bien qui rira le dernier !

Attends, je finis ma page.

Moi Loana, ma vie, mon œuvre.

Comment tu fais avec la douche ?
Y a de l'eau partout !

Phrase typiquement féminine, donc n'en tenez pas compte. De toute façon, vous mettrez toujours de l'eau partout. Votre femme le sait, mais elle reposera la même question sadiquement chaque jour jusqu'à sa mort. Avec un peu de chance, vous partirez le premier.

[LES ENFANTS, LES ADOS… LES JEUNES, QUOI !]

« Ma mère m'a tout appris. »

Carlos, auteur de *Big bisou* et fils de Françoise Dolto.

Face à la complexité du sujet, les auteurs ont choisi de structurer de manière très précise le chapitre qui suit. D'aucuns auraient jeté pêle-mêle enfants, ados et orphelins dans un chaos de banalités, et se seraient amusés à les commenter de manière plus ou moins drôle. Mais là où certains se complaisent dans la veulerie, nous sommes résolus à ne pas plier. Nous ferons donc l'effort de scinder ce chapitre en plusieurs sous-parties, destinées à traiter dans leur infinie subtilité les banalitesses propres aux bébés, aux enfants, aux ados, et aux parents. Néanmoins, allons-y.

Les bébés

Areu areuh…
Il a faim !

Areu areuh…
Il pousse !

Areu areuh…
Il a fait !

Areu areuh...
Il a sommeil.

Areu areuh...
J'comprends pas pourquoi il dort pas...

Areu areuh...
Ne le secoue pas comme ça !

Areu areuh...
J'crois qu'il veut parler d'Adenauer.

Areu areuh...
Ah que coucou ?

Areu areuh...
Non, je lui ai pas fait mal !

Areu areuh...
Il a vomi !

Areu areuh...
C'est quoi, cette bosse sur sa tête ?

Areu areuh...
Tais-toi, il s'endort.

À paraître en souscription : *Neuro-psycho-linguistique générale du nourrisson de l'Antiquité à nous jours dans le bassin méditerranéen, ce incluant toutes îles et îlots.*

Banalitoons / Les enfants

Ce chapitre a été rédigé un jour de fête des mères. Nonobstant la parution du livre en novembre, et surtout dans la mesure où cet ouvrage est destiné à passer à la postérité, les auteurs n'ont pu s'empêcher d'adresser ici un vibrant hommage aux mères et pères du monde entier.

C'est fou, ce qu'il est éveillé pour son âge.
La mère de Verlaine à la mère de Rimbaud.

Les enfants, ça change la vie.
La mère de Monica Lewinsky.

Les enfants ne lisent plus.
La mère de Gilbert Montagné.

À cet âge-là, ils apprennent vite.
La mère de Rocco Siffredi.

Va embrasser ta grand-mère.
La mère du Petit Chaperon rouge.

Dis bonjour à la dame.
La mère de Jacques Chirac.

27 ans, c'est l'âge de raison.
La mère de Jean-Claude Van Damme.

T'es bien le fils de ton père.
La mère de Jésus.

Elle va me rendre chèvre.
La mère de Brigitte Bardot.

On se brosse les dents avant d'aller au lit !
La maman de Dracula.

Tu l'as pas volée, celle-là !
La maman de Mesrine.

Dans quelques années, il va faire des ravages.
La mère de Napoléon.

Y a des claques qui se perdent.
La reum de Diam's.

L'éducation, c'est l'exemple.
Vladimir Poutine.

Va te laver et reviens les mains propres.
La mère de Babar, au bord de la crise de nerfs.

Si vous continuez, j'en prends un pour taper sur l'autre.
La mère des frères Bogdanov.

Et dire que je te faisais sauter sur mes genoux.
La mère de Mike Tyson.

Les enfants, on les voit pas grandir !
La mère de Mimie Mathy.

Je t'ai connu haut comme ça !
La mère de Marc Dutroux.

Quand je pense que je t'ai vu naître.
George Bush à George Bush.

Qu'est-ce que ça change vite à cet âge-là !
La mère d'Amanda Lear.

Je le reconnaîtrais entre mille.
La mère d'Elephant Man.

T'as dit merci ?
La mère de Moi Christiane F., 13 ans, droguée, prostituée.

T'es sûr que tu l'as mérité ?
Le Père Noël.

Tu te souviens de tata Martine ?
La sœur de tata Martine.

Là, il ose pas, parce qu'il vous connaît pas.
La mère de Jean-Marie Le Pen.

Chante-nous ta chanson.
La mère de Francis Lalanne.

Celui-là, vous pouvez pas le renier !
L'avocat d'Albert de Monaco.

C'est son père tout craché.
Le père de Serge Lama.

Les enfants ne savent plus travailler.
Le père de Laure Manaudou.

Ils apprennent plus rien à l'école.
Le père d'Arnold Schwartzenegger.

Tu as de bonnes notes ?
Le père de Mozart.

Cette année ça devient sérieux.
La mère de Nicolas Sarkozy, le 1er janvier 2007.

Il est intelligent, mais il ne travaille pas.
La mère de Richard Virenque.

Elle est très intelligente pour son âge.
La fille de Jeanne Calment.

C'est sa troisième paire en six mois.
La mère de Pamela Anderson.

Les enfants ne respectent plus rien.
La mère de Jeanne d'Arc.

Ils nous font chier mais quand ils sont pas là, ils nous manquent.
La mère de Proust.

Les ados

J'ai pas demandé à venir au monde.

Ce n'est pas ce que j'ai retenu du stage avec Rajah Lapsang Souchong. Ton karma détermine les circonstances de naissance de ta prochaine vie, qu'il a dit.

Mon reup, il est trop pas cool.

T'as de la chance : le mien il est trop dead !

Si c'était sorti, j'étais mal.

Le sujet sur Spinoza au bac, ou le suppositoire que je t'ai aidé à mettre ?

C'est un truc qu'on avait à peine vu en cours.

Si tu parles du prof, je te rappelle qu'il s'est défenestré à la fin de ton exposé...

J'y comprends rien les maths !

Heureusement que t'es bonne en français...

La philo, c'est tellement subjectif...

Objectivement, c'est pas faux.

CRS SS !

Ce cri primal montre qu'au moins vous n'avez pas fait de votre fils un illettré.

Les parents

Certains bébés sont très laids.

Postambule : il s'avère que notre chapitre est moins équilibré que prévu, nous nous proposons donc d'y adjoindre « Les vieux », qui n'est pas assez conséquent pour constituer un chapitre à part entière.

Les vieux

Les jeunes ne savent plus s'amuser.

Ils en baveraient un peu, ça leur ferait pas de mal.

Les jeunes sont blasés.

Ils savent pas ce qu'ils veulent.

Ça lui passera.

De toute façon, maintenant, avec la drogue...

Tu fais attention avec les garçons ?

Tout se perd.

Jadis...

Avant la Grande Guerre...

De mon temps...

C'était mieux avant...

Si le petit Corse était encore là...

N'importe quel grognement ponctuera ces propositions et vous permettra de meubler l'heure mensuelle que vous passez à la maison de repos des Mimosas, où vous rendez visite à votre oncle Helmut dans l'espoir qu'il finira par vous coucher sur son testament. Toute personne zélée saura toutefois attribuer à chaque banalité la phrase la plus adéquate. Concluez par...

Tu veux un bonbon ?
Fais gaffe au Carambar, quand même !

Areu areuh...
Il a faim, Monsieur Helmut ! C'était pas une raison pour manger la couche, Monsieur Helmut !.. Non, monsieur Helmut, pas popo pendant que je lave cucul, pas gentil, ça !

Areu areuh...
Attention, Helmut !

Areu areuh...
Il fait moins le malin avec ma Scholl dans la gueule, l'ancien légionnaire !

Nota bene, attention, PS ! : Si vous avez un parent proche résidant à la susnommée Pension des Mimasos (à ne pas confondre avec la pension des Mimosas, établissement respectable since 1664), faites attention à ne pas oublier votre Game Boy lors de la visite. En effet, suite à une sérieuse altercation entre Monsieur Helmut et son infirmière de jour, on a retrouvé la console de son petit-neveu dans une partie de son anatomie plus habituée à expulser qu'à ingérer.

Postambulebule : À la re-relecture du chapitre « Les vieux », il apparaît finalement que, si nous l'avions vraiment voulu, cette partie aurait bel et bien pu constituer un chapitre à part entière. Mais bon.

Note anonyme d'un des auteurs : « Ce chapitre m'a épuisée. Ne le dites à personne mais je suis en instance de divorce et mon futur ex-mari s'est tapé mon amant. Ça ne va pas du tout. Ce putain de bouquin sera bientôt fini et j'ai pas de boulot. S.O.S., faites quelque chose ! »

Toutefois…

La famille, c'est sacré.

On choisit pas sa famille.

Ils sont tous comme ça dans la famille ?

[LES ANIMAUX]

« Tout le monde mange du porc ? »

Noé au bout du 3ᵉ jour sur l'arche.

Ce que j'aime chez les chats, c'est qu'ils sont indépendants.
Mais soutiennent-ils vraiment la cause corse ?

Les chiens sont fidèles.
Sauf cette chienne de Mirza.

Lui au moins, il me trahira jamais.
Euphémisme animalier du « J'ai beaucoup souffert », qui, si tout se passe bien, vous évitera de passer par la case « Tu m'invites à prendre un dernier verre » ? Si elle n'a toujours pas compris, réitérez avec…

Il me console des êtres humains.

Ça me fait une compagnie...
Mieux vaut être seul que mal accompagné.

Il ne lui manque que la parole.
Et une bonne épilation.

S'il pouvait parler, il nous en raconterait, des choses...

Vous pouvez vous passer de cette banalitasse, sauf si vous rêvez de renifler le cul de la voisine.

Il a un regard super expressif.

Compte tenu de l'expression de son caniche, cette femme aime les losers. À vous de voir si vous voulez rester dans la course.

Bébés, ils sont craquants.

Surtout en Chine !

C'est autant de boulot qu'un enfant.

Si vous avez des enfants, ne le dites pas en leur présence ; vous leur éviterez ainsi dix ans de thérapie. Si vous n'en avez pas, considérez que cette phrase tient lieu de justification une fois pour toutes.

Il fait partie de la famille.

Attendez le 2 août pour l'abandonner ; il y aura moins de trafic et moins de témoins.

Le soir, il regarde la télé avec nous...

La banalitation peut vous sortir de l'embarras : votre chien est en train de se frotter sur le mollet de votre patron ; accompagnez cette phrase d'un clin d'œil qui indiquera que vous êtes un amateur des films de Rocco Siffredi période 92-95. Attention toutefois au clin d'œil trop appuyé qui pourrait suggérer que vous préférez la période 96-98, nettement plus trash. (La technique du clin d'œil fera l'objet d'un ouvrage à part, nécessitant la vente massive de celui-ci, afin de financer un voyage d'études sur les rives du lac Bangweulu.)

On lui fera pas manger n'importe quoi !

Recadrez immédiatement l'abruti qui vient de balancer l'os de gigot sur la moquette alors que vous ne réserviez que le plat vide à votre chien. Votre animal de compagnie n'est pas une poubelle, juste un lave-vaisselle.

Lui aussi, il a eu droit à un petit cadeau de Noël...

Le DVD du premier film du chien de Rocco Siffredi : *Rox meets Mirza* (qui circule en France sous le manteau et sous le titre *Nino ! J'ai retrouvé Mirza*).

Quand il voit un chien comme lui à la télé, il aboie !

C'est le moment de vous valoriser : laissez entendre que, depuis la fin d'Apostrophes, la télé, c'est juste pour les chiens. Taisez la vraie raison : nul ne doit savoir que votre désintérêt vient en fait de la disparition de Lagaff du petit écran.

C'est comme les gens, ils ont leur propre personnalité.

Et, en plus, il bave !

Celui-là, quand il disparaîtra, je le remplacerai pas !

À moins, peut-être, de le remplacer par un autre.

Il mord ?
Pourquoi pose-t-il la question ? Du coup, laissez planer le doute.

Il a le poil très doux !
Mais n'allez pas sentir vos mains après...

Ceux-là, ils sont gentils avec les enfants.
Vous êtes célibataire et ne souhaitez pas le rester, valorisez ce vieux truc puant et collant auprès de cette célibataire qui ne souhaite pas le rester non plus (et qui du haut de ses 39 ans et demi, ne devrait pas faire la fine bouche...).

Il vous a adopté !
Positivez : il est temps de mettre à l'aise votre future belle-mère sur qui il se masturbe depuis dix minutes. Puis citez les travaux de l'éminent professeur Rosso, qui a démontré au péril de sa vie et de son intégrité mentale, que chez l'huître, le babouin et le teckel, le rite d'adoption n'exclut pas l'inceste à consentement unilatéral.

Il a ses têtes.
Vous n'êtes pas obligé de concourir.

Il écoute que sa mère.
Certes, les chiens ne font pas des chats, mais apparemment certaines femmes font des chiens.

Le cheval, c'est vraiment la plus belle conquête de l'homme.

À dire juste avant d'annoncer à votre femme que vous avez dilapidé votre salaire aux courses.

C'est quand même dingue, les gens qui bouffent du steak de cheval !

On voit que t'étais pas sur l'Arche...

[Le bricolage]

« Vous êtes vraiment des branleurs ! »

Dieu, jetant un œil aux plans de l'A380.

Pourquoi tu le fais pas toi-même, ça te coûtera moins cher !

Attention, be careful, achtung ! Seuls les tétraplégiques peuvent se permettre ce genre de remarques qui entraîne fatalement un ordre de réquisition. Les hémiplégiques peuvent toujours tenir le clou. (Hémi = moitié. Vrai ou pas que ce bouquin est hyper complet ?)

Si j'avais su, je l'aurais fait moi-même.

C'est faux ! Mais c'est le seul moyen d'éviter de donner un pourboire à la personne qui vient de passer quatorze heures à monter votre armoire à pharmacie.

T'aurais dû le faire faire !

Ce sont les dernières paroles qu'a prononcées votre femme avant qu'un grave court-circuit ait lieu, et que sa grosse tête prenne feu sous vos yeux. En effet, dans un mesquin souci d'économie, vous avez refusé de faire installer votre cuisine par des professionnels, qui, pour 80 euros TTC, vous ont garanti une totale fiabilité. Le diagnostic des médecins est réservé. Au

cas où elle survivrait, ayez la décence de ne pas répondre
« *T'es jamais contente !* »

Les travaux, ça finit jamais !

Surtout quand on est pauvre et qu'on fait tout soi-même. La pauvreté n'est pas une fatalité en soi. Admettez-le : nous vivons dans un pays d'assistés. Vous pouvez facilement vous enrichir, et vous le savez ! À toutes fins utiles, reportez-vous à notre ouvrage *Prolégomènes et paradigmes : vers une économie individuelle et généralisée de l'exponentiel.*

Sinon, visitez notre site www.chuiblindé.com.

L'essentiel, c'est d'avoir de bons outils.

Mesdames, vous fantasmez sur votre voisin. Sonnez chez lui, évoquez vos problèmes de plomberie, et louchez élégamment sur ses parties viriles au moment où vous prononcez le mot « outils ». Si ça ne suffit pas, mettez-lui la main au paquet. En cas d'échec, deux options : un stage de *self-re-estiming* ou un stage de *self-defensing.* Nous proposons des week-ends combinant les deux ; pour les dates et tarifs, voir notre site www.just-do-iting.com.

J'avais pas les outils qu'il fallait...

Le court-circuit a été fatal à votre femme et à sa grosse tête ; justifiez-vous comme vous le pouvez face au juge et à vos enfants.

Ça fait une de ces poussières !

Vous avez renversé l'urne qui recueillait les cendres de feu votre épouse. Cessez de ronchonner et passez l'aspirateur.

J'ai toutes les vis sauf la bonne !

Battez vos enfants, responsables par principe de toutes les disparitions au sein de votre maison. Si votre femme tente de s'interposer, rappelez-lui que la perceuse est toujours branchée.

Fais gaffe à tes doigts !

Trop tard.

Le mode d'emploi est super mal foutu...

Deuxième argument à suggérer à votre avocat pour son plaidoyer lors du procès de l'affaire dite de « la femme à la grosse tête ».

J'ai ripé sur un os...

Vous avez vu *Massacre à la tronçonneuse* 27 fois et vous avez eu envie de reproduire votre scène favorite. Mais ça ne s'est pas passé aussi bien que prévu. Réessayez en attachant la victime.

Le mec, il est venu, il a tout réglé en cinq minutes.

Votre mari est incompétent ; vous le savez, il est temps qu'il le sache aussi. La messe sera bientôt dite.

J'aurais pas fait comme ça !

Convoquée à la barre, la mère de feu votre épouse a sa propre théorie sur la façon d'installer une cuisine. Laissez-la à ses illusions.

[Le test Jean-Pierre]

Voici un test qui vous permettra de vous situer sur l'Échelle de Jean-Pierre. Le nom de l'échelle vient d'un patient que nous avons eu à traiter et qui s'est très vite révélé banalement supérieur !

Il s'agissait de lui permettre de perdre l'ambition de **DEVENIR PILOTE DE FORMULE 1**. Ses parents nous l'avaient confié dans l'espoir de lui redonner goût aux choses simples. Il était arrivé à un tel stade de dépendance par rapport à son rêve qu'il ne se nourrissait plus. Nous sommes intervenus dans l'urgence et nos premiers constats furent édifiants à plus d'un titre. Son rêve était induit par la passion de son père pour les sports mécaniques. En résumé, **IL ÉTAIT VICTIME DU JOUG PATERNEL.** Nous avons fini par traiter directement le géniteur, et « le cas Jean-Pierre » fut résolue en **UN TEMPS RECORD**. Depuis, nous sommes devenus sensibles aux théories constructivistes, sans nous emballer pour autant. Le test qui suit donne des éléments d'évaluation d'une **GRANDE FIABILITÉ**. Répondez aux questions **SANS RÉFLÉCHIR**, le plus vite possible de préférence.

1. Pour vous, une soirée entre amis c'est...

    A. Une bonne tranche de rigolade en perspective

    B. Une fuite en avant

    C. L'occasion de se taire

    D. La possibilité d'un nouveau départ dans la vie

2. Qui, de ces trois joueurs de foot, représente le gendre idéal ?

    A. Diego Maradona

    B. Michael Schumacher

    C. Jean-François Le Foin

3. La littérature russe, c'est...

    A. Pour les déprimés

    B. Pour les opprimés

    C. Pour les gens qui veulent en savoir plus sur les blinis

4. En voiture, vous êtes du genre...

    A. Conducteur

    B. Passager

    C. L'un ou l'autre

5. Que vous inspirent ces quelques vers ?

    « Jeannine était belle comme le jour,
    Elle mangeait des fraises sous l'abat-jour,
    Jeannine ne faisait jamais de détours,
    Jeannine eut un drôle de parcours. »

A. Une envie de meurtre
B. Une envie de fraises
C. Une envie de toi (mais besoin de rien)
D. De la peur

6. En croisière, vous êtes du genre à...

A. Vomir sur le pont
B. Vomir dans votre cabine
C. Vomir entre le pont et la cabine

7. Le mariage, c'est...

A. Le plus beau jour d'une vie
B. L'occasion d'oublier les vieilles querelles familiales
C. Une formidable preuve d'amour
D. Une formalité administrative
E. L'occasion de redécouvrir la profondeur poétique des textes d'Afric Simone

8. Les enfants, c'est...

A. Beau
B. Des soucis, mais c'est beau
C. De beaux soucis
D. Des personnes plus jeunes que vous qui vivent sous votre toit

9. En public, lorsque vous prenez la parole, c'est...

A. Parce que personne n'ose le faire
B. Parce que tout le monde le fait

C. Pour vous faire entendre dans la mesure où vous pensez que ce que vous avez à dire vaut autant que ce que les autres disent à longueur de temps (Eh oui ! La phrase est longue, c'est à la fois un exercice de diction et un exercice de concision pour ceux qui veulent dire la même chose en plus court.)

10. Les hommes et les femmes politiques sont...

A. Des menteurs

B. Des tricheurs

D. Des acteurs ratés

E. Des sportifs frustrés

F. Des cuisiniers maltraités

G. Des ambitieux qui n'ont pas assisté à nos séances de banalothérapie

11. Être banal, c'est...

A. Manquer d'originalité

B. Manquer de courage

C. Manquer de calcium

D. Aspirer à une vie simple et heureuse

12. Lorsqu'un ami vous demande de lui prêter de l'argent, vous lui...

A. Demandez pourquoi il n'en a pas

B. Prêtez sans rien lui demander

C. Vous refusez en arguant que faut pas déconner

13. Ce livre est...

    A. Un chef-d'œuvre incontournable

    B. Une bible

    C. Un grand pas vers la libération

    D. Le testament philosophique de trois auteurs majeurs injustement qualifiés d'escrocs par une bande de jaloux minables infoutus d'écrire un aussi grand texte

Voilà, vous venez de répondre à ce test. Pour les résultats et commentaires, il va vous falloir attendre la parution de notre prochain ouvrage. En attendant, **ne faites pas circuler ces pages** (c'est vous qui l'avez payé et vous n'avez pas à faire plaisir à vos amis radins), et n'hésitez pas à faire savoir à votre entourage que **c'est ce test qui est à l'origine du sauvetage de Jean-Pierre.**

deuxiè

À *ce stade de la lecture, vous êtes à même de comprendre que ce livre tient toutes ses promesses et est devenu franchement indispensable à votre équilibre.*

Vous avez dû vous rendre compte que, au-delà de la simple éclate, ce bouquin est une mine. Vous n'êtes pas encore conscient de vos progrès, mais ils sont énormes. Ici, rien n'est laissé au hasard. Nous avons jugé bon de respecter votre évolution. Vous avez déjà beaucoup moins peur qu'avant, aussi nous vous lâchons la main. Nous vous proposons une série de banalités qui se passent de commentaires et qui, bien utilisées, feront un malheur : elles se suffisent à elles-mêmes et vous permettront d'évoluer sereinement dans la jungle humaine. Vous pouvez naturellement alimenter le trésor.

Mais, comme nous ne sommes pas à un cadeau près, nous

ne partie

vous proposons une approche détaillée de la séduction, autrement appelée la drague, étant entendu que l'accouplement est la finalité ultime de l'humanité tout entière. Que les choses soient bien claires entre nous : cette section vaut à elle seule une bonne centaine de manuels vendant de mauvaises recettes sur la rencontre de l'âme sœur.

Il va de soi que le reste du chapitre traitera également de sujets essentiels, puisqu'il sera question entre autres d'argent, de sport et de shopping.

Par ailleurs, nous avons choisi d'égrener quelques témoignages amicaux et spontanés de personnes ayant profité de notre apport dans cette science révélée qu'est la banalothérapie. Les noms ont été changés pour des raisons évidentes de sécurité.

[*La drague*]

Conseils de Love Coach on the banal side

Toute règle a son exception. Il existe un domaine dans lequel la banalité est discutable, et notre déontologie nous impose de vous le dire. Et ça nous coûte de le faire. En effet, la séduction, la drague, le flirt, l'approche, le pré-coït, le vas-y-comme-j'te-kiffe, la cour, la sérénade… sont bien servis par l'anti-conformisme. Aussi être banal consistera-t-il à être sincère, sinon ça ne marchera pas.

Exemple : si vous demandez « *Vous avez du feu ?* » avec l'œil torve, vous passerez pour un dragueur de bas étage pour qui la cigarette n'est qu'un prétexte. Or, si vous faites la même demande l'air hagard, le doigt jaune et tremblant, vous êtes un fumeur invétéré pour qui la main tendue n'est qu'un moyen de satisfaire une urgence. Vous êtes indépendant, vous êtes un vrai fumeur (un baroudeur, un aventurier !), vous vous autodétruisez de façon légale et vous assumez vos vices. En d'autres termes, vous êtes l'homme idéal.

Tout(e) séducteur(trice) a pour règle d'or de ne pas séduire. L'objet de son désir ne doit pas accaparer son attention, mais au contraire susciter une nonchalance feinte mais maîtrisée. En résumé : « suis-fuis/fuis-suis ». Ou encore : moins t'en fais, mieux c'est !

La plupart des gens ne s'aiment pas, et le fait que vous les aimiez vous rend suspect à leur endroit. Feignez le détachement, restez vous-même, ne perdez jamais vos moyens, que vous ayez le trac ou pas, l'important est qu'on ne le sente pas.

Ce livre étant d'une absolue exhaustivité, maintenant que nous vous avons exposé les mérites de l'authenticité dans la *Banale Attitude*, servez-vous parmi les phrases suivantes, en prenant bien soin de ne pas sourire en fin de phrase et en suivant scrupuleusement les indications de jeu (parce que la séduction est aussi un jeu !), qui ont pour but de déstabiliser votre interlocuteur(trice).

On vous a déjà dit que vous avez de beaux yeux ?
(l'air triste)

Vous n'avez jamais pensé à faire mannequin ?
(l'air apeuré)

Vous savez que je peux être très drôle ?
(l'air menaçant)

Tu danses ?
(l'air navré)

T'es venue comment ?
(l'air inquiet)

Elle est libre, ta copine ?
(l'air fâché façon De Niro)

Je peux t'offrir un verre ?
(l'air déçu)

Tu fais quoi dans la vie ?
(l'air endormi)

T'es venue seule ?
(l'air méprisant)

Tu viens souvent ?
(l'air con)

Je t'ai jamais vue ici.
(l'herpès)

Je sais pas d'où, mais on se connaît.
(l'air furieux)

Tu danses bien, c'est ton métier ?
(l'air las)

Tes cheveux, c'est naturel ?
(l'air tendu)

Toi française ?
(l'air impatient)

Qu'est-ce qu'une femme comme toi fait ici ?
(l'air suspicieux)

J'te file mon numéro ?
(l'air réticent)

T'aimes la fête on dirait !
(l'air glauque)

Tu m'invites à prendre un dernier verre ?
(l'air ennuyé)

Je sais pas draguer.
(l'air malade)

T'habites chez tes parents ?
(l'air réjoui)

[LES GENS]

« Les gens sont cons. »

Alain Juppé

Vous savez comment sont les gens.

Les gens ne respectent rien.

Les gens sont pas aimables.

Les gens sont d'un sans-gêne !

Les gens sont de plus en plus agressifs.

Les gens ne se parlent plus.

On change pas les gens.

Les gens changent.

Les gens sont comme ils sont.

Avant, les gens prenaient le temps de vivre.

Les gens savent pas conduire.

Les gens sont des moutons.

Les gens croient tout ce qu'on leur raconte.

Les gens manquent pas d'air.

Les gens sont égoïstes.

En province, les gens sont plus sympa.

À la campagne, les gens sont vrais.

Les gens sont pas faits pour vivre les uns sur les autres.

Sans compter que...

À Paris, on vit comme des cons.

Mais où va-t-on ?

Moi, plus rien ne m'étonne.

Il faudrait une bonne guerre.

Quand on voit ce qu'on voit, et qu'on entend
ce qu'on entend, on a raison de penser ce qu'on pense.

Ils veulent nous faire croire que les
privilèges ont été abolis mais c'est faux !

Je suis pas raciste, mon meilleur ami est arabe.

On mène une vie de dingue.

Tout fout le camp.

Le monde devient fou.

Si chacun faisait un petit effort, la vie serait plus facile.

ILS NOUS PRENNENT POUR DES CONS

[Le Temps]

« Ça passe à une vitesse... »

Jeanne Calment

C'est plus comme avant.

Il nous faudrait des journées de 40 heures.

C'est l'heure, ça ?

Plus on vieillit, plus ça passe vite.

Oh, ça lui fait beaucoup plus que ça :
on était à l'école ensemble.

Quand j'ai vu que sa fille se mariait,
ça m'a fichu un sacré coup.

Ça nous rajeunit pas.

Demain est un autre jour.

J'ai l'impression que c'était hier.

J'ai pas vu l'année passer.

C'est là qu'on se rend compte que le temps passe.

C'est toi sur la photo ?

Ça lui fait combien maintenant ?

Il faut laisser du temps au temps.

La bonne cuisine c'est beaucoup de temps.

Je déteste être en retard.

Je suis tout le temps en retard.

J'ai plus une seconde à moi.

J'ai à peine eu le temps de dire

[Les médias]

« J'aurais peut-être dû fermer ma gueule. »

Andy Warhol

À la télé, ils disent que des conneries.

Y a jamais rien à la télé.

Je la laisse en fond sonore, ça fait une présence.

Y a trop de chaînes, on sait plus où donner de la tête.

La télé, ça empêche de dormir.

Ils passent toujours les mêmes films.

Encore un mélo à la con !

On l'a déjà vu dix fois !

Je regarde jamais la télé.

On se demande pourquoi on paye la redevance.

Quoi ? T'as pas vu *La Grande Vadrouille* ?

Les bonnes émissions, elles passent trop tard.

J'ai pas arrêté de zapper.

Il a quel âge, Michel Drucker ?

La télé, c'est la fin du couple !

Depuis que j'ai plus la télé, j'ai redécouvert la radio.

Tous ces trucs de téléréalité, je les regarde jamais.

Faut pas croire tout ce qu'ils écrivent dans les journaux.

La radio, c'est tellement mieux que la télé !

Devant le JT

Celui-là, je le supporte pas.

Bien fait pour sa gueule !

Tous ces gens qui souffrent en Afrique...

Tu te rends compte, chéri,
c'était un ami de leur famille !

On est en sécurité nulle part.

Faut rétablir la peine de mort pour les pédophiles.

Tout ça c'est à cause des films violents,
ça leur donne des idées...

66

Au début, j'avais peur. Je ne voulais pas me départir d'une certaine originalité que je cultivais à travers un certain dandysme vestimentaire. En outre, lorsque je me trouvais dans une situation gênante, je tentais de faire de l'humour, pensant que tout était préférable au silence. Au bout de quelques jours, je suis devenue plus calme, moins tendue. La pratique du banal me rendait plus zen. Je n'étais plus au centre des choses, mais en périphérie. Mon implication dans les conflits quotidiens s'est estompée petit à petit. Je suis devenu banale, et les gens ont cessé de me regarder comme une bête de cirque. Je vais mieux, merci pour cet ouvrage, qu'il faudrait déclarer d'intérêt public.

Avana Mouslina,
star internationale du X

99

[La santé]

« Moi l'alcool, ça me fait rien ! »

Boris Eltsine

Les vrais alcooliques, ils sont jamais bourrés.

Tu fumes trop.

On mange trop gras.

Alzheimer, c'est dur pour les proches.

Il doit couver quelque chose.

Je comprends pas pourquoi ils nous font pas
boire de formol, ça préserve*.

J'aime pas les médecins.

---

* Cela n'est pas une banalité, mais c'est du vécu, et ça nous suffit.

À l'hôpital, tu peux crever, ils s'en foutent.

Les médecins, ils y comprennent rien.

Entre la pollution, la vache folle et le poulet débile,
comment veux-tu qu'on soit en bonne santé ?

Il fait ses dents.

Il m'a fait une angine.

Tant qu'on a la santé !

Il faut bien mourir de quelque chose.

Quand on est fatigué, il faut se reposer.

Faire du sport, ça maintient en forme.

Après tout, la santé, on la paye.

On n'est à l'abri de rien.

Ils m'ont fait tous les examens du monde,
mais ils m'ont rien trouvé.

T'as pas bonne mine,
tu devrais faire un bilan.

J'sais pas ce que j'ai, j'suis tout le temps fatigué.

J'ai jamais compris que les femmes puissent
aller voir un gynéco homme.

Gynéco, ça doit tuer la libido, tu dois voir
de ces trucs...

Ça n'arrive pas qu'aux autres.

Il fallait bien que ça arrive un jour.

Je connais un mec, il a le cancer du poumon, il a jamais fumé.

C'est le docteur qui l'a dit.

- Tout ça c'est dans la tête.
- Non, c'est psychosomatique.

[Le travail]

« Rajamal flushasamdala sumi*! »

Pumbala, 8 ans, ouvrière dans une usine en Indonésie.

Ça va comme un lundi.

J'aime bien le vendredi.

Aujourd'hui, je serais bien resté au lit.

À la base, les plus gros travailleurs
sont des feignants.

Vivement ce soir que je me couche.

L'homme n'est pas fait pour travailler.

Si t'es pas constamment derrière les gens, ils foutent rien.

---

* Traduction littérale : « Le travail, c'est la santé ! »

Quand on cherche vraiment du boulot, on en trouve.

Tu leur donnes ça, ils prennent ça.

Y a pas à tortiller, si tu veux réussir
dans la vie, faut bosser.

Avant, tu quittais une boîte, tu retrouvais du boulot le lendemain.

On n'est pas des machines.

Les 35 heures, c'est pour ceux qui bossent le moins.

En ce moment, c'est pas évident.

On dirait que tous les clients se sont passé le mot.

T'as beau dire, sans boulot, on déprime.

Tant pis, ça attendra lundi.

Déléguer, c'est la base du management.

Ils se rendent pas comptent du boulot qu'on fait.

Si tout le monde s'entend bien, on travaille mieux.

Un bon patron sait motiver ses troupes.

Un jour, je lui dirai ce que je pense.

Faut faire gaffe à pas atteindre les objectifs trop vite
parce qu'ils t'en filent d'autres.

Quel est l'idiot qui a pondu ça ?

Évidemment, c'est toujours la faute des autres.

Faut toujours être derrière eux.

Ils veulent tous être payés mais ils veulent rien faire.

On est mal payés, mais qu'est-ce qu'on rigole !

Ils veulent qu'on travaille, mais ils veulent pas nous payer.

Les métiers

Y a encore quelques bons artisans,
mais c'est cher.

Les dépanneurs, ils viennent quand ils veulent.

C'est des métiers qui se perdent.

Croque-mort, je pourrais pas.

Les huissiers, je les comprends pas.

Les notaires, ils se gavent !

Les boulangers, ils sont tous cocus.

Les fonctionnaires, ils sont peinards.

À la SNCF, c'est des feignants.

Thanatopracteur, c'est un drôle de trip(es).

Les postiers, ils sonnent et ils se barrent aussitôt, sauf
la veille de Noël, où même si t'as ouvert la porte, ils continuent
de sonner, jusqu'à ce que tu leur achètes leur calendrier.

Les profs, ils sont en vacances toute l'année.

Les coiffeurs, c'est tous des pédés.

Les assureurs, ils t'assurent jusqu'à ce
que t'aies un accident.

Les garagistes, c'est tous des voleurs.

Les plombiers, c'est tous des voleurs (sauf en Corse).

Les dentistes, c'est tous des voleurs.

Les banquiers, c'est tous des voleurs.

*tous
des
voleurs*

[L'ARGENT]

« C'est une honte ! »

Florent Pagny

Tout est cher depuis l'euro !

Moi, je compte toujours en francs.

Les enfant ne se rendent pas compte du prix des choses.

Ça se voit que c'est pas elle qui le gagne !

Les impôts, ils nous oublient jamais.

Y a tout le temps des factures à payer.

Ça va plus vite à dépenser qu'à gagner !

Vivement le 13e mois !

C'est toujours les mêmes qui payent pour les autres.

Vous me faites un prix ?

C'est fou ce que la vie est chère.

Tout augmente.

Tant qu'on n'a pas manqué, on sait pas.

En province, la vie est moins chère.

Ça fait pas le bonheur, mais ça y contribue.

L'argent ajoute du respect au respect.

Si je gagnais au Loto, je saurais pas quoi faire
de tout cet argent.

Si je gagnais au Loto, je saurais exactement
quoi faire de tout cet argent.

Si je gagnais au Loto, je le dirais à personne.

Le casino, c'est calculé pour qu'on perde.

Je sais pas marchander.

Le pire des défauts, c'est la radinerie.

Sans argent, on n'est rien !

Y a pas que l'argent dans la vie.

Mais qu'est-ce qu'ils font de tout ce pognon ?

Lui, il se penche, il trouve un billet...

Avec le mal qu'on se donne à le gagner...

Il est du genre à partir aux chiottes
quand l'addition arrive.

66

J'étais ce qu'on peut appeler un ténor du barreau. Durant de nombreuses années, je me suis illustré lors de procès ultra médiatisés. Je dois dire que cette réussite m'a attiré la jalousie de mes confrères, ce que je trouve légitime compte tenu du fait qu'au-delà de ma réussite professionnelle je jouis d'un physique particulièrement avantageux qui m'a rendu populaire auprès de la gent féminine et de certains animaux J'aurais pu suivre cette voie royale et abuser à tire-larigot d'une telle situation, mais j'ai craqué il y a deux ans, suite à une crise mystique que je ne m'explique toujours pas. Je me suis réveillé une nuit en sueur, et j'ai vu apparaître une silhouette de femme vêtue de noir qui s'adressait à moi dans une langue inconnue. J'en ai parlé au curé de ma paroisse – je suis pratiquant – qui a tout de suite engagé une procédure d'exorcisme auprès du diocèse. Mais, après quatre tentatives infructueuses, l'abbé Chamelle lâcha l'affaire en me disant d'en faire autant. Il se trouve qu'une de mes sœurs connaissait intimement un des auteurs de ce livre, qui animait alors des stages de banalitations dans la région de Nancy. La suite, vous la devinez. Je m'en suis sorti, j'ai repris le travail et j'ai cessé de vouloir à tout prix en mettre plein la vue à mes collègues. Je perds mes procès, je séduis moins, mais j'ai la conscience tranquille. Bravo pour ce livre, qui devrait en sauver plus d'un !

99

Maître Lacroix-Jonquille,
Avocat à la cour.

[Le shopping]

« J'ai rien à me mettre ! »

Victoria Beckham

J'ai fait une super affaire.

Faut le voir chez soi.

La qualité, ça se paie.

Finalement, on n'a pas dépensé tant que ça.

Vas-y de ma part !

Je l'ai pas payé cher.

Tu vas pas acheter ça, t'en as déjà un !

Ça se fait plus depuis longtemps.

Elles sont bonnes, vos fraises ?

C'est quand même nettement moins cher dans les hypers !

Les hypers, c'est moins cher mais
t'as pas le contact.

Si y'en a un peu plus, vous me le laissez.

Je peux les toucher, vos melons ?

De nos jours, on trouve des tomates toute l'année.

Si tu passes devant une boulangerie...

Ça vous coûtera moins cher d'en acheter un neuf.

Au prix que ça coûte, on aurait tort de s'en priver.

C'est cher, mais tu payes la marque.

Rien de tel que les petits commerçants.

Je l'ai acheté en soldes.

Je suis pas trop vieille pour porter ça ?

Les goûts et les couleurs...

Ça se détend pas un peu ?

Va falloir que j'en parle à mon mari.

J'ai trouvé pile ce qu'il te faut !

Du moment que ça te plaît, c'est le principal.

Au Monop' y a des trucs super !

Le Damart, c'est vrai que c'est moche mais ça tient chaud.

T'aurais du m'en parler, j'ai des prix.

Le coton, c'est chaud l'hiver mais frais l'été.

Donnez-moi un 38, ça m'obligera à faire un régime.

Je peux vous faire deux chèques ?

Banalités de vendeurs...

Ça va avec tout.

Les rayures, ça amincit.

Et en plus, ça passe en machine !

Non, ça vous fait pas des grosses fesses !

Faut le voir porté.

Ça vous va comme un gant.

Pas du tout, ça se porte comme ça, c'est la mode !

Bougez pas, je vais voir si j'ai quelque chose
qui va avec.

Faut le voir avec les bons accessoires.

Vous pourrez le mettre avec tout.

Ça se démode pas.

Avec ça, vous être tranquille pour des années !

Pour ça, faut écrire directement au fabricant.

C'est un cuir qui sera beaucoup
plus beau en vieillissant.

Un coup de brosse et hop !

Elles vous font mal mais c'est normal,
faut les faire...

[LE SPORT]

« J'aime beaucoup Zazie. »

Johnny Hallyday

L'essentiel, c'est de participer.

Le sport, ça maintient en forme.

Le rugby, c'est un sport d'hommes.

Je vois vraiment pas l'intérêt d'aller courir derrière un ballon.

Ils sont trop payés.

Si je m'entraînais toute la journée, moi aussi j'y arriverais !

C'est mieux en vrai.

Au stade, on sent mieux l'ambiance qu'à la télé.

J'ai cru que le Français allait gagner.

Les Américains, ils sont forts.

Le Brésil, c'est le Brésil !

La boxe, c'est d'une violence !

Le hors-jeu, j'y comprends rien.

Ils tirent où, la France ?

Le Tour de France, c'est dur.

Le vélo, ça maintient en forme.

Ils sont tous dopés.

L'arbitre était nul.

On s'est fait voler.

Les coureurs, ils vont vite.

En sport, tout peut arriver !

Platini et Giresse, c'était autre chose !

Schumacher a gagné.

Je comprends pas qu'on puisse regarder le golf à la télé.

Au tennis, jusqu'à la balle de match c'est pas gagné.

Moi, ce que je préfère, c'est le sport en chambre.

Banalités de sportifs

Je suis pas encore au top.

On a su rester soudés jusqu'au bout.

C'est encourageant pour la suite.

Une course n'est jamais courue d'avance.

Je crois que ça récompense tout le travail de cet hiver.

Je suis meilleur que certains et moins bon que d'autres.

Ça s'est joué à rien.

À ce niveau-là, ce sont les détails qui font la différence.

Je veux remercier mon entraîneur.

On est toujours content quand on gagne.

C'est toute l'équipe qui a gagné.

On était bien organisés derrière.

J'ai su saisir ma chance.

Est-ce que je peux dire un petit bonjour
à ma famille ?

Je suis surtout content pour nos supporters.

… et c'est tant mieux pour nous.

Y a des jours où ça veut pas.

Et puis il y a eu cette chute stupide...

J'étais pas dans le rythme.

Je suis bien rentré dans la compétition.

J'ai retrouvé mes sensations.

On a une l'occasion, on a su la saisir.

Ce qui compte, c'est d'être là le jour J.

On prend les matchs les uns après les autres.

On est fiers de porter le Coq sur le cœur.

Oui, j'ai marqué tous les buts mais
c'est une victoire collective.

À partir de là...

On n'a pas vu le même match.

L'essentiel, c'est les trois points.

Y a pas de match facile.

On est contents d'être là, le reste c'est du bonus.

Marquer en finale, c'est un rêve de gosse.

[LES ARTS ET LES STARS]

« Non, ça ne m'a pas aidé. »

David Hallyday, Chiara Mastroianni, Anthony Delon,
Charlotte Gainsbourg, Paris Hilton, etc.

Musique, cinéma et théâtre

J'aime beaucoup ce que vous faites.

Lui au moins, il savait jouer.

Il a une sacrée présence.

Qu'est-ce qu'il est beau !

Elle, je dirais pas non.

Je sais plus comment il s'appelle,
mais il joue toujours des rôles de méchant.

Je connais quelqu'un qui était à l'école avec lui.

Je vous ai vu dans un film, mais je sais plus
comment il s'appelait.

Il paraît qu'il est très différent dans la vie.

Il est resté très simple.

Johnny, c'est une bête de scène.

J'ai vu tous ses films.

Tu crois qu'ils s'aiment dans la vie ?

J'ai lu quelque part qu'il a très mauvais caractère.

J'aime bien le comédien, mais j'aime pas le personnage.

Normal, elle s'est tout fait refaire.

Il a su rester près des gens.

Je le voyais plus grand.

Avant j'aimais bien, maintenant il se répète.

Il triche pas avec le public.

Au cinéma, on oublie tout.

C'est un vrai rôle de composition.

On n'y croit pas une seconde.

Si tu rates les cinq premières minutes, c'est pas la peine.

Et, à la fin, il meurt.

C'est vachement bien fait.

Les cascades sont incroyables.

Les dialogues étaient nuls !

C'est très bien filmé.

C'est à voir juste pour les effets spéciaux.

On ne s'est pas ennuyés une seconde.

J'ai préféré le livre.

Y a un film qui sort avec Depardieu.

Ils sont pénibles avec leurs bruits de papiers de bonbons.

On n'y croit pas une seconde.

Les Américains, ils ont les moyens.

Je préférais ses premiers albums.

C'est notre chanson.

C'est indémodable.

Mozart, c'était un génie.

Il faudrait que je l'écoute plusieurs fois.

Ma fille, elle en fait tous les jours, du Picasso !

Les musées, j'y vais jamais.

L'art moderne, c'est moche.

C'est un artiste qui a un monde intérieur.

Au moins c'est original.

C'est GÉ-NIAL !

Il était en avance pour son époque.

C'était un incompris.

Il était torturé.

Les artistes ont souvent des vies tragiques.

Pour créer, il faut souffrir.

Banalités de stars

Toute petite, je jouais déjà pour la famille.

Les critiques, je les lis plus.

Franchement, le seul juge, c'est le public.

Je me suis complètement imprégné du personnage.

Il faut remercier toute l'équipe du film.

Il faut dire que j'étais entouré d'acteurs remarquables.

C'est un réalisateur qui comprend les acteurs.

Il vous met en confiance.

C'est un excellent directeur d'acteurs.

Tourner avec lui, c'est un rêve.

On est porté par le texte.

On était très complices sur le plateau.

Je choisis uniquement les scénarios qui me plaisent.

Tourner avec lui, ça ne se refuse pas.

J'assume tous mes films.

Mon public ne m'a jamais laissé tomber.

Il faut pas tricher avec le public.

C'est 10 % de talent et 90 % de travail.

Ma plus belle récompense, c'est les applaudissements du public.

Si on peut apporter un peu de bonheur aux gens...

Ma carrière, c'est une série de rencontres.

J'ai toujours fais mes choix en fonction
de mes coups de cœur.

La célébrité n'a rien changé à mon mode de vie.

Je suis resté le même, c'est le regard
des autres qui a changé.

J'ai les mêmes amis depuis vingt ans.

Récompenses

Il marche le micro ?

Je serai bref.

Je ne m'y attendais pas du tout.

Je voudrais remercier quelqu'un qui compte
énormément pour moi.

Je voudrais remercier ma femme qui m'a toujours soutenu.

Je voudrais remercier mon agent qui a
toujours cru en moi.

J'arrive pas à y croire.

Je suis touché d'être reconnu par la profession.

Excusez-moi, je suis très ému.

Je n'ai rien préparé.

Je voudrais faire un petit bonjour à mes parents,
parce que je sais qu'ils regardent.

66

J'avais des rêves. Je me voyais monter les marches de Cannes, avec à mon bras un top model. Toute ma vie, j'ai voulu faire l'acteur. J'ai quitté ma province, couru les castings, accepté des figurations humiliantes, fait l'ouvreur dans des théâtres minables, et puis un jour j'ai fondu en larmes à l'approche de la quarantaine. Je me suis rendu compte que j'avais passé ma vie à poursuivre une chimère. Le désir de notoriété est une forme de folie moderne qui a des conséquences graves. Le hasard a voulu que je lise une annonce parue dans un gratuit qui faisait la publicité d'un stage de "réappropriation de son banal profond". Les trois auteurs de ce livre m'ont fait comprendre que l'ambition est une forme de soumission. Depuis, je suis léger, je fréquente le festival de Cannes en promeneur curieux de cette foire médiatique. S'il m'arrive de demander un autographe, c'est pour le déchirer en souriant, le soir même, en sirotant une boisson non alcoolisée. Vous l'aurez compris, je suis guéri.

Antoine Taraud,
coursier à son compte.

99

[LES TRANSPORTS]

« L'avion, c'est le moyen de transport le plus sûr. »

Oussama Ben Laden

La SNCF, ils sont toujours en grève.

De nos jours, rien n'est loin.

Avec le TGV, ça change tout.

C'est surtout au décollage qu'on a peur.

Le métro, ça sent mauvais, mais au moins
on est sûr d'être à l'heure.

Toutes ces bombes, ça fait peur.

Je suis malade en bateau.

Ça fait du bien de marcher un peu.

Les gens ne marchent plus.

La moto, tu vas plus vite, mais c'est dangereux.

> Les allemandes, c'est cher
> mais c'est du solide.

Question sécurité, Volvo...

> Nous, on est très Peugeot.

Je roule en Renault parce qu'il y a des
concessionnaires partout.

> Les gens roulent comme des cons.

Ils conduisent de plus en plus mal.

> La clim, ça enrhume.

Et puis paf ! L'accident con !

> On venait juste de finir de la payer.

Y a un monde sur les routes, à croire qu'ils se sont
tous donné rendez-vous !

> À la campagne, y a pas d'embouteillage.

Ça sert à rien de s'énerver.

Les gens font n'importe quoi au volant.

Maintenant, y a de la circulation tout le temps.

Moi, je prends jamais les auto-stoppeurs.

Le taxi, c'est pratique, on s'occupe de rien.

Le quartier est super, mais pour se garer c'est l'enfer !

On peut plus rouler dans Paris.

Les gens sont agressifs au volant.

Où est-ce que tu as rangé la carte ?

Le périph était bouché...

Ça suffit maintenant, donne-moi cette carte !

Les deux-roues, ils roulent comme des dingues.

Les scooters, tu les vois pas déboîter.

Ils nous emmerdent avec leurs couloirs de bus.

Quel con, ce Delanoë !

[Les vacances]

« Je suis sur les rotules. »

Antoine, chanteur et vendeur de lunettes.

C'est ça, les vacances : à peine on commence à décompresser un peu que c'est déjà fini.

On a pensé à vous.

Là-bas, on oublie tout.

Là-bas, on sait pas ce qu'on mange.

On en a pris plein les yeux.

À l'hôtel, on dort mal.

Ces gens-là sont très accueillants.

On était à deux pas de la mer.

Moi, ce qui m'a manqué, c'est le pain.

Une semaine, c'est trop court.

Ils ont rien, ils donnent tout.

J'adore le bruit des vagues.

À la montagne, on respire.

Ça fait du bien de détresser...

T'as mis de la crème ?

Moi, je bronze vite !

C'est fou ce que ça part vite, le bronzage.

Attendez, je vais chercher l'album photo.

Il est mieux au naturel.

En vrai, elle est très jolie.

On se rend pas bien compte sur la photo.

On voit mal parce qu'il y avait pas assez de lumière.

J'avais pas l'appareil qu'il fallait.

Là, c'est nous.

Faudra que je la fasse agrandir.

Et lui, tu le reconnais ?

C'est entièrement fait à la main.

Chez nous, ça vaudrait dix fois plus.

Au prix où c'était, j'aurais dû en prendre plus.

Ces gens-là ont le sens du commerce.

Banalités géographiques

En France, t'as tous les paysages.

Chez nous, on mange bien.

En Espagne, ils dînent à minuit.

En Italie, faut faire gaffe aux voleurs.

En Allemagne, on se couche tôt.

Quand t'arrives en Afrique, t'as plein de gamins
qui te demandent du pognon.

En Angleterre, on mange mal.

L'Amérique, ça fait rêver.

En Suisse, c'est propre.

En Inde, y a des gens partout.

En Chine, ils parlent que le chinois.

Je rêve d'aller en Australie, mais c'est loin.

En Russie, y a que des mafieux.

Le Sahara, faut pas tomber en panne.

La Côte, faut y aller hors saison.

L'Asie, c'est dépaysant.

En Bretagne, il pleut tout le temps.

Saint-Trop', c'est surfait.

Dans le Nord, il fait froid mais les gens sont sympa.

Comment vas-tu ? Moi je vais bien. Il fait très beau. Moussaka, sirtaki et églises orthodoxes n'ont plus de secrets pour nous. Sur la carte postale, on voit presque notre hôtel. Je pense bien à toi et je t'embrasse.

Hélène G.
éditrice à Paris

[Le départ]

« J'en ai pas pour longtemps. »

Ulysse à Pénélope.

Bon, ben voilà.

C'est pas tout ça...

Quand faut y aller, faut y aller.

On va vous laisser dormir.

On s'est régalés.

On va pas vous déranger plus longtemps.

Bon ben nous, on va y aller.

On va pas pouvoir trop tarder.

Revenez quand vous voulez.

On regrette pas d'être venus.

La prochaine fois, c'est pour nous.

T'avais pas un manteau ?

J'étais venu avec une écharpe.

On se perd plus de vue.

On n'a pas vu le temps passer.

À vos marques, prêt, partez !

On devrait faire ça plus souvent.

C'est la voiture qui m'ramène.

Les meilleures choses ont une fin.

Chéri, je te quitte.

Le départ à la retraite

Roger nous quitte pour une retraite bien méritée.

Depuis qu'il est à la retraite, il a plus une minute à lui.

Les jeunes n'auront pas de retraite.

C'est les retraités américains qui font tenir
l'économie mondiale.

Il va pas en profiter longtemps.

La retraite, c'est un coup au moral.

Lui, s'il s'arrête de travailler, il meurt tout de suite.

Tu passeras nous voir.

On vous regrettera.

Vous allez tous me manquer.

Je crois qu'il est temps de laisser la place aux jeunes.

Personne n'est irremplaçable.

Avec Lionel, la relève est assurée.

C'est pas avec ma retraite que je vais survivre.

On s'est cotisés.

Roger, c'était la mémoire de la maison.

Discours d'enterrement de Helmut Grisoni, ancien légionnaire.

[Bonus track]

Cher Helmut,

Tes frères d'armes, ta famille et tes amis sont réunis aujourd'hui pour te rendre un dernier hommage.

Ceux qui, comme moi, t'ont connu garderont le souvenir d'un compagnon fidèle, un soldat de premier plan, un époux et un père hors du commun. On a coutume de dire que ce sont toujours les meilleurs qui partent les premiers, et c'est vrai. J'ai eu le privilège de te voir arriver dans la Légion alors que tu étais ce jeune homme fougueux et intrépide qui nous imposait de l'appeler « l'Ours de la Meuse ». Au début, je dois dire qu'on se foutait pas mal de ta gueule, mais c'est à la faveur d'une nuit sans lune, dans les Aurès, alors que le combat faisait rage contre une bande de fellouzes, que nous avons vite compris le sens de ce surnom sibyllin. Je te revois encore, baïonnette au canon, écumant de colère, te jeter sur un jeune terroriste de 8 ans, pour le désarmer et l'emmener dans ta cahute afin de procéder à une prise de renseignement qui se révéla fructueuse, puisque nous apprîmes son prénom et quelques rudiments d'arabe qui nous furent d'un précieux secours pour la suite des opérations. Le petit Bouzid se prit d'affection pour toi et tu le lui rendis bien. J'en veux pour preuve le nombre de nos gars qui se souviennent encore de ta droite d'ancien boxeur lorsque, avinés, ils s'approchaient de trop près de ton protégé. Ta patience avec lui n'avait pas de limite, et s'il t'apprenait l'arabe, toi tu lui apprenais le pipeau, instrument que tu maîtrisais parfaitement. Tu n'étais pas seulement musicien, tu étais aussi tatoueur – un tiers de mon corps est là pour en témoigner. Un matin, tu t'es réveillé et le petit Bouzid n'était plus près de toi, tu n'as jamais compris ce départ intempestif. Cette perte irréparable fit de toi un homme différent, meurtri au point de tirer un trait sur ton glorieux passé d'*Ours de la Meuse*, et de te murer dans une mélancolie permanente. Mais nous étions en temps de guerre. Refusant de combattre, tu passais tes journées à sangloter et le médecin crut bon de te renvoyer en métropole où tu finis cuisinier du mess des officiers de Bar-Le-Duc.

La suite, on la connaît : la cantine de Bar-Le-Duc fut ouverte au public et devint l'un des restaurants le plus prisé de la région. Un bonheur n'arrivant jamais seul, tu fis la connaissance de Graziella, qui devint ta femme malgré vos trente années d'écart, et avec laquelle tu eus trois enfants magnifiques que j'embrasse en ton nom : Bouzid, Bouzida, et Jean-Luc. Le temps me manque pour retracer ton parcours en quelques mots, mais ce que je peux dire c'est qu'on est tous égaux devant la mort ; quand l'heure est venue, il faut savoir tirer sa révérence, et on se retrouvera là-haut...

Tes dernières années, tu les as passées à la Pension des Mimasos, où tu vécus le calvaire dont les médias du monde entier se sont fait l'écho ces dernières semaines. Malgré la publication du rapport d'autopsie et de certaines photos ne te montrant pas sous ton meilleur jour, sache que, pour nous, tu es resté digne jusqu'au bout.

Tu disais souvent : « Je vous enterrerai tous ! » La vie t'a donné tort, mais rassure-toi, les vivants sont là pour protéger les tiens ; c'est la raison pour laquelle je viens de demander la main de Graziella, qui m'a fait l'honneur d'accepter.

Là où tu es, j'espère que tu trouveras le repos et oublieras aussi les accusations calomnieuses faisant état de violence, coups et blessure, conduite en état d'ivresse, et autres infamies que la décence m'interdit de nommer ici. Tu avais une sexualité particulière, et alors ? Qui sommes-nous pour juger ?

Dieu reconnaîtra les siens.

Tu as bien vécu, 𝕺𝖚𝖗𝖘 𝖉𝖊 𝖑𝖆 𝕸𝖊𝖚𝖘𝖊, repose en paix, tu n'as pas souffert longtemps et c'est l'essentiel. Tu es mort de ta belle mort.

66

J'étais professeur de mathématiques dans un lycée professionnel. Je pensais que les méthodes classiques d'enseignement ne permettaient pas aux élèves de comprendre la poésie des mathématiques. La froideur des maths ne pouvait que rebuter les jeunes générations. J'ai donc mis au point une méthode ludique à base de marionnettes que j'ai confectionnées. J'incarnais plusieurs rôles, lors de mes cours, me cachant derrière un paravent et tendant les bras vers le haut, comme dans une représentation classique de ce genre de spectacle. Les résultats ne furent pas à la hauteur de mes espérances, et mes élèves n'y comprenaient rien. Presque adultes pour la plupart, ils avaient une ou deux années de moins que moi et me prenaient pour une folle. L'un deux m'a dénoncé au principal du lycée, qui a immédiatement alerté le rectorat. Je fus mise à pied. Le jeune délateur en question en a conçu une forte culpabilité qui m'a rendue sensible à son charme. Nous avons eu une idylle passagère, dont je suis ressortie brisée et ruinée. À bout de souffle et au bord du gouffre, j'ai néanmoins trouvé la force de m'en sortir grâce à la banalothérapie. Depuis, j'enseigne les mathématiques de manière austère et orthodoxe, consciente que les élèves ne méritent pas que l'on fasse les efforts à leur place. Nous vivons dans une société qui donne trop d'importance aux élèves et pousse les professeurs à des compromis stériles. Merci de m'avoir ouvert les yeux et de m'avoir fait comprendre qu'on ne sort des sentiers battus qu'à ses dépens.

99

Véronique Fougasse, enseignante comblée.

La Banale Attitude

Vous avez soigneusement suivi nos conseils.

Les plus zélés d'entre vous ont peut-être même appris par cœur certaines banalités qu'ils prononcent maintenant avec la certitude de se faire du bien, et d'en faire aussi au reste de l'humanité.

Mais attention, la banalité ne s'exprime pas seulement à travers les mots, c'est aussi et surtout une question d'attitude !

Certains signes non-distinctifs vous placeront immédiatement dans la catégorie des initiés :

● Adepte de la Banale Attitude, vous avez 1,8 enfants. Si vous avez eu une fille née en 2007, elle s'appelle sûrement Clara, Maëlis ou Océane. Un garçon : Mathéo, Enzo, ou Ethan. Surtout, continuez à regarder TF1 !

● Vous aimez le foot depuis 1998, beaucoup moins depuis 2006 ; mais ce n'est pas grave car depuis le 7 septembre 2007, vous avez découvert un sport génial et telle-ment plus fédérateur : le rugby.

● Vous honnissez les bobos qui consomment exclusivement du céleri et des dattes pendant 6 mois parce qu'un magazine branché a juré que c'était *trendy*.

● L'année dernière, vous avez consommé 53,92 kilos de pain, 87,67 kilos de légumes frais et 71,97 kilos de pommes de terre… Comme la majorité des Français, vous serez donc au régime avant l'été prochain, que vous passerez plutôt à la mer, car

Dieu merci, cette idée saugrenue de passer l'été à la montagne ne concerne qu'une minorité d'entre nous.

● Conseil de Food Coach on the Banal side : attention à l'excès de sucre et de grignotage, appelé « snacking » par les âmes pathétiques et influençables qui veulent être tendance ! Toutefois, ne culpabilisez pas car vous ne pourrez pas y échapper. En effet, si vous grignotez, c'est à la fois par manque de temps et par souci d'économie.

● Vous continuez à raffoler des produits du terroir, mais vous faites vos courses en hypermarché et consommez toutes sortes de produits surgelés.

● Vous êtes 80 % à préférer le vin rouge au vin blanc ; 99 % d'entre vous boudent les vins étrangers : surtout ne changez rien !
(Qu'il est bon d'être français quand on sait que pour 92 % d'entre nous, « la consommation régulière et modérée de vin est bonne pour la santé »…)

● Seulement 23 % d'entre vous met de l'argent de côté depuis le 11 septembre 2001. Est-ce bien suffisant ?

● La moitié d'entre vous est pessimiste quant à l'évolution de leur pouvoir d'achat dans les prochains mois, et personnellement, on pense que vous avez raison !

● Vous n'êtes plus à droite et encore moins à gauche ; comme tout un tas de Français, vous avez cru que l'avenir consistait à devenir centriste, et vous avez changé d'avis depuis le 6 mai 2007.

● Que vous ayez voté Sarko ou non, vous attendez juste de voir s'il va tenir ses promesses ; et les plus inquiets d'entre vous sont bien forcés de l'admettre : pour l'instant, votre vie n'a pas fondamentalement changé.

● Les nouvelles technologies occupent une place de plus en plus grande dans votre vie : ordinateur, wi-fi, téléphone mobile, Palm, écran plat... n'ont plus de secrets pour vous, ils vous ruinent et vous isolent de vos proches. Tout va bien !

● Homme ou femme, vous portez une veste la semaine, un Jean et des baskets le week-end, vous achetez un parapluie chaque année et le perdez au bout de 12 jours.

● Vous n'achetez qu'un album par an : celui des Enfoirés. À Noël, on vous a offert l'Intégrale de Mozart en 170 CD, mais vous n'en avez pas écouté un seul. Vous ne téléchargez pas : si c'est illégal, c'est dangereux ; si c'est payant, c'est con.

● Vous avez ri devant *Les Visiteurs*, pleuré devant *Titanic*, et vous connaissez la musique des *Choristes* par cœur.

● Sachant que vous êtes 42 % à n'acheter qu'un livre par mois, ceux d'entre vous qui tiennent le nôtre dans les mains ont vraiment tout compris, bravo !

troisiè

Les auteurs de ce livre savent mieux que personne ce que le mot inactivité veut dire. Tour à tour et sans discernement : musicien, portier, vendeur de cartes postales, péripatéticien, chippendale, voyou au grand cœur, tireur de tarot, joueur de poker... nous avons dû notre salut à la banaliturge. Depuis, sans rouler sur l'or, nous vivons correctement de notre activité de coaches multicartes, et avons décidé de mettre tout le reste de notre temps et de notre énergie au service de deux nobles causes : l'éradication du fléau qu'est le chômage, et la fin de toute forme de précarité.

Nos stages n'ayant toujours pas été agréés par l'ANPE pour des raisons incompréhensibles, donc injustifiables – même si on a une petite idée – nous avons résolu de proposer gracieusement

ne partie

l'accès à des métiers d'avenir sélectionnés en fonction des critères suivants : ils ne nécessitent aucun diplôme et aucune aptitude physique particulière.

Conscients que certains d'entre vous ne quitteront plus les pages qui suivent, nous avons âprement négocié avec notre éditeur l'impression de pointillés et le dessin d'une coquette paire de ciseaux en bas de page. Elles deviendront ainsi des fiches qui vous accompagneront partout. Malheureusement, suite à votre découpage, le dessin de la coquette paire de ciseaux sera amputé de moitié. Mais que voulez-vous : c'est ça ou vous restez chômeur !

[**Devenez philosophe**]

Chômeurs longue durée, vous pensez que ce métier s'est éteint avec Socrate, mais regardez-y voir !

De nos jours, la philo vous ouvre les portes de carrières aussi variées que diverses. En société, lors d'un quelconque barbecue, quand les commentaires sportifs auront épuisé la patience des convives, allez-y tout de go et distinguez-vous franchement en surprenant vos interlocuteurs grâce à l'une de ces phrases au choix. Exemple, si vous entendez « Platini a inventé le coup franc », répondez : « Oui, mais Kant n'était pas la moitié d'un con. » Vous inquiéterez au début, vous déstabiliserez souvent, mais votre banale originalité fera de vous un être recherché et les barbecues s'enchaîneront, même en hiver. Qui sait ? la notoriété sera peut-être au rendez-vous, car, après tout, la philosophie mène à tout : écrivain (Bernard-Henri Lévy), chroniqueur télé (Steevie Boulay) ou joueur de foot (Éric Cantona... si, si, il était philosophe avant d'être joueur de foot).

Faut prendre la vie comme elle vient.

Tout a une fin.

Y a des hauts et y a des bas.

On est tous égaux devant la mort.

Le bonheur, c'est des choses simples, sauf pour les gens compliqués. Toi, t'es entre les deux. Tu vois ce que je veux dire ?

Faut désapprendre tous les jours pour apprendre à nouveau sans idées préconçues.

Ce qu'il faut, c'est faire ce qu'on aime.

Dans la vie, on fait pas toujours ce qu'on veut.

Oui : à bien y réfléchir, l'existentialisme est un humanisme.

Le temps passe à une vitesse.

L'herbe est toujours plus verte ailleurs.

Roland Magdane, que tu le veuilles ou non, il sait vivre.

Les suites, c'est rarement bon au cinéma.

Une de perdue, dix de retrouvées !
Ce qui ne veut pas dire qu'un clou chasse l'autre.

[**Devenez politicien**]

Chômeurs longue durée ! Il ne vous aura pas échappé que la politique est un métier d'avenir qui permet d'accéder au même niveau de notoriété que Dick Rivers.

Loin de nous, mais alors, là, très loin de nous, l'idée de sous-entendre que la politique s'apparente à un spectacle. C'est la raison pour laquelle toutes les phrases qui suivent ne valent que si elles sont sous-tendues par une détermination inébranlable. Voici les quelques formules qu'il conviendra d'employer selon la famille politique à laquelle vous choisirez d'appartenir. Toutefois, certaines formules conviennent à toutes les mouvances idéologiques.

Vous ne savez pas
de quel parti vous êtes, vous direz...

Je suis un homme d'ouverture.

Je serai digne de votre confiance.

Je ne réagis pas aux petites phrases.

Les Français en ont marre des polémiques.

Ma priorité, c'est le dialogue.

Je veux rassembler.

Il faut se méfier des sondages.

Rendez-vous à l'évidence, l'opinion publique a parlé.

La France à besoin de réformes courageuses.

Les Français veulent du changement.

Le message des Français est clair.

Ma priorité c'est le chômage.

Ce n'est pas être raciste que de vouloir restaurer la sécurité dans les quartiers.

Dans le domaine des « affaires », vous n'avez aucune leçon à nous donner.

Je suis responsable, pas coupable.

Les Français en ont marre des clivages.

Je veux plus de justice sociale.

Chacun doit avoir sa chance dans notre pays.

Il faut restaurer le dialogue.

Je pense à tous ceux qui subissent des injustices.

Je fais confiance à la justice de mon pays.

Vive la France. Vive le Québec libre.

Je fais ce que je dis, je dis ce que je fais.

Ce que j'ai dit, je le ferai.

Les Français en ont marre des promesses non tenues.

Si on n'aime pas prendre des risques, on ne fait pas ce métier.

Il est temps de rompre avec les erreurs du passé.

La politique, c'est une affaire de convictions.

C'est unis que nous gagnerons.

Ce n'est pas ainsi que je conçois la politique de notre pays.

Il est temps d'engager une réforme de nos institutions.

Il faut faire barrage aux idées extrémistes.

La France a toujours été du côté des opprimés.

Votez pour moi.

Vous êtes de droite, vous direz...

Les 35 heures sont responsables de la débâcle actuelle !

Vous êtes de gauche, vous direz...

Les 35 heures sont une avancée considérable au même titre que les congés payés.

Vous êtes centriste, vous direz...

Les 35 heures sont une bonne chose, mais pas dans tous les secteurs d'activité.

Quel que soit votre camp, les électeurs diront...

Les plus grands voyous, c'est les politiciens.

Pourquoi il l'a pas fait quand il était au pouvoir ?

Tout ça, c'est magouille et compagnie...

Tous les mêmes !

Ils sont comme nous, ils pensent qu'à leur gueule.

C'est bonnet blanc et blanc bonnet.

C'est nous qu'on paye !

Un jour ça va péter.

On se demande où passent nos impôts.

Si, si, faut voter !

Il nous prennent pour des vaches à lait.

Ils sont trop payés.

Les gens en ont marre !

Discours type

(campagne, investiture, changement de parti...)

Mes chers amis,

Je crois en la France, je crois en vous, je crois en chacun de nous.

<u>Oui, je crois en un monde meilleur.</u> Je crois dans un monde de tolérance, un monde où chacun comprend et soutient l'autre. Un monde ou chacun est libre d'entreprendre.

Et pour construire ce monde, nous devons changer la société.

Nous devons construire une école plus égalitaire, où chacun ait sa chance. Je souhaite lancer une vaste concertation en ce sens.

Notre système judiciaire doit être réformé en profondeur pour permettre aux magistrats d'exercer dans de bonnes conditions et aux justiciables de bénéficier d'une parfaite impartialité.

<u>Nous devons maintenir un système de santé</u> qui permette à

chacune et chacun de bénéficier d'une qualité égale de soins quels que soient ses moyens.

Nous ne pouvons plus accepter que certains de nos concitoyens soient les laissés-pour-compte de notre système. Il est temps de mettre fin aux injustices dans notre pays. Surtout quand elles touchent les jeunes, le troisième âge et les chômeurs.

C'est pourquoi l'emploi est, et restera, ma priorité. Il n'est pas normal que des millions de nos concitoyens ne trouvent pas leur place dans notre système.

Cette inégalité, je ne la supporte pas, Le chômage n'est pas une fatalité, je mettrai en place toutes les mesures nécessaires pour faciliter l'embauche et permettre aux jeunes, qui sont les premiers touchés, de trouver un emploi stable.

Le temps est venu de faire de la politique autrement. Pour y parvenir, nous devons mobiliser toutes les forces vives de notre pays. Et construire ensemble une France nouvelle, autour de nos valeurs communes.

C'est ce que je m'engage à faire avec vous, et grâce à vous.

Vive la République, vive la France.

[**Devenez astrologue**]

Chômeurs longue durée, vous êtes à la recherche d'un emploi qui laisse libre cours à votre créativité ? Voici encore une solution imparable.

Qu'on le veuille ou non, tout le monde croit plus ou moins à l'astrologie, surtout ceux qui disent le contraire. En effet, n'avez-vous jamais surpris un de vos amis, professeur émérite au CNRS, caché dans les toilettes que dans sa hâte il avait omis de fermer à clé, lire avidement son horoscope dans *Ici Paris* ? Selon un sondage réalisé par notre cellule enquête et opinion, 120 % des Français considèrent que l'astrologie est une science plus exacte que les mathématiques ! Nous vous proposons donc un horoscope complet dans lequel nous n'avons omis aucun signe, adaptable à chaque semaine de l'année. Cerise sur le gâteau, quels que soient les trigones et carrés d'influence planétaire relative ou pas, pleine lune comprise, cet horoscope est infaillible, voire *infaillable*.

Outre le fait de vous assurer un CDI super classe dans un quotidien à gros tirage, cette maîtrise d'une science exacte vous permettra d'attirer à vous toute femme en instance de divorce, d'adultère, de dépression nerveuse ou de ménopause, soit d'après nos recherches environ 91,3 % de la population féminine.

147

Avertissement : Une grande qualité d'écoute et d'échange n'est rien sans un sens aigu de l'orientation.

Bélier

Cœur : Pour les natifs des 1er et 2e décans : oh là là là là là ! Pour les natifs du 3e décan, l'inverse.

Carrière : Votre attitude irascible pourrait susciter la convoitise. Méfiez-vous de tous vos subalternes et supérieurs.

Santé : L'urologue, c'est pour les chiens ?

Mon conseil : Réfléchissez avant de penser !

 Taureau

Cœur : 1er décan, prenez des gants. 2e et 3e décans : Tu te la donnes, hein, mon salaud ?

Carrière : Ignorez le licenciement dont vous êtes l'objet et rendez-vous à votre lieu de travail à l'heure habituelle. Votre persévérance paiera.

Santé : Attention aux excès.

Mon conseil : Faites du bobsleigh.

Gémeaux

Cœur : 1er, 2e, voire 3e décan, vous êtes peut-être bi-sexuel.

Carrière : Une augmentation pourra vous amener à vous interroger sur votre bipolarité.

Santé : Troubles hormonaux.

Mon conseil : Votre pire ennemi, c'est vous-même. Choisissez votre camp.

 ## Cancer

Cœur : Mesdames, si vous retrouvez un ancien amour, quittez immédiatement votre conjoint. Mais surtout pas pour l'ancien amour. Messieurs : vous n'êtes pas dupe quant à la pseudo fidélité de l'être aimé, montrez plus de fermeté dans vos rapports sexuels.

Carrière : Ça va ?

Santé : Ça va !

Mon conseil : Méfiez-vous de celui qui se prétend être votre meilleur ami.

 ## Lion

Cœur : Du 1er au 4e décan, les tentations seront multiples mais vous n'y céderez pas.

Carrière : C'est maintenant ou jamais : saisissez n'importe quelle opportunité au vol !

Santé : Surveillez votre vésicule biliaire, surtout si vous êtes bi.

Mon conseil : À force de ne pas céder à la tentation, tout en saisissant n'importe quelle opportunité, vous finissez par faire n'importe quoi. Cessez !

 ## Vierge

Cœur : Il serait peut-être temps de s'y mettre !

Carrière : Vos supérieurs ne vous supportent plus. Attention aux flatteurs, ils vous mentent.

Santé : Vierge folle, continuez votre cure de désintoxication. Vierge sage, buvez un coup !

Mon conseil : Pas de parano !

 ## Balance

Cœur : C'est la fin d'une période et le début d'une autre. N'ayez pas peur du célibat.

Carrière : Vous allez recevoir une proposition étrange venant d'un inconnu étrange ; acceptez-la car il est étrangement susceptible.

Santé : L'acceptation d'un métier étrange et harassant vous mettra sur les rotules ; dès que vous le pourrez, dormez une heure.

Mon conseil : Réfléchissez longuement avant de prendre une décision impliquant votre carrière.

 ## Scorpion

Cœur : Pour tous les décans, une séance de sado-masochisme pourrait tourner au vinaigre.

Carrière : Un de vos proches collaborateurs convoite votre place. Dans le doute, savonnez la planche à tout va.

Santé : Relâchement du sphincter en perspective.

Mon conseil : Cessez de vous autodétruire et détruisez les autres.

Sagitaire

Cœur : Une perspective d'escapade avec l'être cher vous rendra dingo !

Carrière : Vous agissements puérils et intempestifs vous coûteront votre place. Vous êtes totalement immature.

Santé : Mâchez vos aliments.

Mon conseil : Vous vous situez entre Batman et l'abbé Pierre, soyez moins ambitieux.

Capricorne

Cœur : Vous quitterez l'amour de votre vie sans aucune raison.

Carrière : Vous êtes têtu, voire obtus, ce qui a le don de fatiguer vos collaborateurs qui ont pris l'habitude depuis quelques jours de rapporter tous vos faits et gestes à votre patron.

Santé : Partez à la montagne et faites de l'ULM.

Mon conseil : C'est une période très positive mais faites très attention !

Verseau

Cœur : Vous aurez un conflit avec votre conjoint, ou votre maman, à moins que ce ne soit votre papa ou vos frères et sœurs.

Carrière : Vous êtes passionné par la nouveauté et les nanotechnologies. Brevetez à tout va.

Santé : Attention aux verseaux... litaires !

Mon conseil : Traversez sur les passages piétons et jouez au Loto.

 *Poissons*

Cœur : À force d'être insaisissable, vous n'intéressez plus personne et ce n'est que justice.

Carrière : Ben voilà ! On vous l'avait dit la semaine dernière et c'est arrivé. On est désolé de vous souffler dans les branchies mais trop c'est trop.

Santé : Brossez-vous les dents.

Mon conseil : Vous nagez en eaux troubles, changez de bocal.

[**Devenez syndicaliste**]

Chômeurs longue durée, nous ne vous laisserons pas tomber !

Notre honnêteté intellectuelle nous pousse à vous révéler l'entière vérité : le métier que nous vous proposons nécessite que vous en ayez déjà un. Mais la fin justifie les moyens ! Acceptez n'importe lequel des jobs suivants : manutentionnaire, facteur, ouvrier agricole, dame-pipi, policier... ; tous ces secteurs vous offrent un débouché précieux : syndicaliste.
Vous goûterez alors aux joies de défiler sous la pluie, en arborant fièrement une banderole aux couleurs chatoyantes, et en criant des slogans tels que « Patrons, têtes de cons ! Patronat, on t'aura ! ».

Par la suite, il se peut que vous ayez à répondre aux questions des journalistes conscients de votre valeur et de la portée de votre message. Voici un florilège des réponses judicieusement banales qu'il faudra leur donner :

Nous, on est contre.

C'est encore un coup du patronat.

Je me suis rendu à l'invitation du président, cela ne veut pas dire que j'accepterai ses conditions.

Encore une fois, ce sont les travailleurs qui trinquent.

Si tout le monde se mobilise, on fera reculer le gouvernement.

Notre syndicat est le seul à ne pas céder au chant des sirènes.

L'abandon de cette réforme est une belle victoire pour nos travailleurs.

Par définition, nous ne sommes pas pour.

Nous sommes les seuls à défendre les cheminots.

Si le gouvernement veut tuer le droit de grève, il doit s'attendre à une forte mobilisation.

Le ministre des Transports peut compter sur notre détermination.

C'est toujours pareil avec vous les journalistes :
on roule en Ferrari alors on est forcément un vendu.

Nous n'avons rien contre le service minimum, mais pas tel
qu'il est envisagé aujourd'hui.

La rentrée sociale va être chargée, ça va chier
en septembre !

Comme d'habitude, la direction a pris une décision unilatérale,
sans nous consulter.

Si ça continue, il va falloir que ça cesse.

Quand ça va péter, ça va péter.

Les usagers sont avec nous.

Devenez psychotérapeute

Chômeurs longue durée, vous nous obsédez !

Vous passez votre vie à écouter vos amis se plaindre de leur condition, vous êtes toujours disponible pour les autres et votre sens de l'écoute est proverbial : rentabilisez ! Faites d'une corvée une activité à part entière et facturez à l'heure. De toute façon, vos soi-disant amis sont des boulets qui ne sont jamais là lorsque vous avez besoin d'eux. L'investissement est minime : un sofa, une pendule (que le patient ne doit pas voir afin de ne pas être freiné par le temps dans l'élaboration de son discours, surtout s'il s'apprête à vous révéler ses pratiques sexuelles), une boîte de Kleenex et notre livre sur la table basse (si vous n'avez pas les moyens d'investir dans une table basse, posez pour l'instant notre livre sur la boîte de Kleenex à même le sol). En cas de démarrage à l'arrache, recyclez les Kleenex, que vous pourrez faire sécher sur un radiateur ou à l'air libre, sur le rebord de la fenêtre (si elle est peu exposée au vent).
Rappel : deux boutons sur une vieille chaussette feront une marionnette qui amusera à tous les coups les enfants venus

consulter ou accompagner leurs parents fébriles. Il est à noter que certains parents seront les premiers à s'approprier ladite chaussette.

Sur simple demande auprès de notre éditeur, vous pourrez aussi disposer d'une photo dédicacée des trois auteurs, qui sera du meilleur effet.

Une tenue adéquate est indispensable à la crédibilité de votre nouvelle fonction : pour un homme, un costume en velours côtelé sera de mise, été comme hiver. Évitez le string !

Pour une femme, un tailleur strict égayé par des accessoires excentriques informera vos patients que vous êtes structurée sans être psychorigide.

Les revues mises à disposition dans la salle d'attente doivent être neutres : *National Geographic, Télé 7 Jours, Chasse à la mouche Mag, Tuning Magazine, Okapi,* etc.

À proscrire : *Télé Z, New Look, Entrevue,* et, bien évidemment, aucune revue animalière.

Les banalités qui suivent sont le fonds de commerce du psychothérapeute confirmé, mais il va de soi que, pour soutenir votre pensée, l'acquisition de tous nos ouvrages précédents est fortement souhaitable.

Voici quelques principes qui vous permettront de mener à bien la séance.

Lorsque vous recevez un patient pour la première fois, demandez-lui toujours :

Qu'espérez-vous en venant ici ?

Quelle que soit la teneur de la séance, ponctuez-la par une de ces phrases au choix...

Il y a deux ou trois personnes en vous.

Finalement, dans la vie, vous voulez des choses simples.

Ça fait du bien de se laisser aller quelquefois.

**Vous savez rester souple, mais, au fond,
vous savez très bien ce que vous voulez.**

**Faire son deuil est un processus qui peut prendre
beaucoup de temps ; néanmoins je serai là pour
vous accompagner... Dès que vous aurez réglé
vos problèmes de succession.**

**Certes, vous êtes violent,
mais c'est votre façon à vous d'aimer.**

Tout se passe dans les cinq premières années de la vie.

**Je sais que vous êtes attirée par moi ; ne refoulez pas
votre élan, c'est très mauvais pour la santé.**

Vous devez apprendre à croire en vous…
et ça commence par croire en moi.

Il y a deux sortes d'inconscients :
l'inconscient collectif et l'inconscient individuel…

Non, vous n'êtes pas une fourmi,
nous en avons déjà parlé !

Ma main sur votre cuisse ?
C'est une technique de transfert !

Pardon ? Non, je ne masturbe pas !

Je vous propose de lâcher prise.

Vous êtes en pleine reviviscence de votre œdipe.

Toute votre problématique se situe entre
le rapport au père et le rapport à la mère…

Parlez-moi de votre enfance…

Je sais que vous connaissez des difficultés
financières, mais le fait de me payer fait partie
intégrante du processus de guérison.
(On peut s'arranger si c'est en espèces.)

Si vous ne savez absolument pas comment réagir aux propos de votre patient, recourez inexorablement au…

« **Mmm, mmm…** »

Puis lissez votre barbe de trois jours ou jouez avec l'un de vos colliers, enfoncez-vous bien dans votre fauteuil, prenez votre voix la plus chaleureuse et une grande inspiration, et reprenez de nouveau :

« **Mmm, mmm…** »

Vous verrez, plusieurs semaines sont nécessaires à la maîtrise du « Mmm, mmm… », prévoyez donc un petit verre d'eau pour les risques d'enrouement en début de votre pratique.

Certains patients vous demanderont :

« **Et vous, qu'en pensez-vous ?** »

Renvoyez-leur systématiquement la balle :

« **Et vous, vous en pensez quoi ?** »

Si le patient se tait, relancez la discussion en reprenant le dernier mot de sa dernière phrase.

Exemple :

« **Je me sens seul.** »

« **– Seul…** »

Attention, certains pièges sont à éviter ! Si le patient vous dit :

« **En ce moment, j'ai l'impression de perdre le contrôle de ma vie.** »

Ne relancez pas sur : « **Vie…** » ?

Alors qu'ici, le mot clé est « **Contrôle…** » !

Pensez à vous préserver : de nombreux thérapeutes sont vidés à la fin de la journée, ils absorbent tout le mal-être de leurs patients et autres énergies négatives et après, eux aussi ils doivent passer chez le psy. N'hésitez pas à recadrer un patient qui s'apprête à se laisser aller.

S'il vous dit :

> « J'ai perdu toute ma famille dans un accident d'avion hier. »

Répondez :

> « Vous acceptez mal les contraintes. »

S'il devient collant et qu'en plus c'est un mauvais payeur, rappelez-lui que :

> « Dans certaines circonstances, le suicide est un acte courageux. »

Si un de vos patients est tenté de vous raconter un rêve non érotique, arrêtez-le tout de suite, ce serait très très chiant.

Si vous avez affaire à un patient globalement peu bavard, incitez-le à la réflexion en ayant recours à un jeu de mots, arme fatale de la psychanalyse.

Exemple :

> « J'ai envie d'aller à la mer.
> – N'avez-vous pas plutôt envie d'aller voir votre mère ? »

Ou bien :

> « En ce moment je me sens perdu.
> – Père du quoi ? »

Si le patient vous dit :

« J'aime pas les blancs… »

Répondez :

« **Le silence, c'est déjà une forme de parole.** »

Et surtout ne vous inquiétez pas, le prix de la séance sera le même.

Concluez les séances par :

« **On va s'arrêter là.** »

En cas de patient qui continue à jacter, ayez recours au :

« **On va devoir s'arrêter là.** »

En cas de patient complètement relou qui croit qu'il est seul au monde, n'hésitez pas à passer au :

« **Toute heure entamée est due** ».

Face à un patient agressif ou psychotique, rappelez-vous que les maladies mentales sont un luxe de riche : est-ce que le petit Éthiopien qui crève de faim est déprimé ? Non ! Il n'a pas le temps, il cherche de l'eau potable ; *cf.* la page 38 du *National Geographic* de votre salle d'attente…

Et calmez l'énergumène en face de vous d'un bon COUP DE LACRYMO DANS LA GUEULE.

[Devenez élu municipal]

Chômeurs longue durée, voici une autre piste : devenez élu municipal.

Une fois en fonctions, vous serez fréquemment appelé à prononcer un discours d'inauguration, aussi nous avons choisi de vous proposer un modèle, exemplaire dans sa structure et sa cohérence, et dont vous pourrez librement vous inspirer. Lors de toute autre cérémonie laïque (mariage, enterrement), il vous suffira de changer les noms, et le tour est joué.

Monsieur le sénateur, Monsieur le député, Monsieur le conseiller régional, Monsieur le conseiller général, Monsieur le sous préfet, Messieurs les membres du conseil municipal, Mes chers concitoyens (pardon à tous ceux que j'ai oubliés),

C'est avec une immense fierté que je me tiens aujourd'hui devant vous en ce grand jour que nous attendons tous depuis longtemps.

En effet, c'est un grand honneur pour moi d'inaugurer cette magnifique salle polyvalente qui fera, n'en doutons pas, la fierté de notre belle ville.
Comme symbole, il nous fallait un nom fédérateur, un nom qui évoque irrésistiblement la compétition, le sport de haut niveau,

l'excellence athlétique, et il est vrai qu'au premier vote du conseil municipal le nom de Michel Galabru n'a obtenu qu'une voix.

Je n'ai pas été sourd aux réticences quelque peu légitimes de ceux qui affirmaient que d'autres personnalités portent plus haut les valeurs de l'olympisme. J'ai longuement hésité, jusqu'à ce qu'intervienne le tragique accident qui coûta la vie à Félix Mangenot, qui dirigea durant près de quarante ans l'atelier *Théâtre et expression corporelle* du collège Jean-Lefebvre. Cet immense spécialiste du mime a su me convaincre en quelques gestes du bien-fondé d'un choix téméraire – pour ne pas dire avant-gardiste – mais ô combien judicieux. Je revois encore ses mimiques, j'entends encore le crissement de son collant blanc dont l'entrejambe laissait percevoir une virilité jamais démentie quelle que soit la saison... Excusez-moi, je suis très ému, mais comment évoquer cet artiste immense sans revoir sa mine émerveillée un certain 25 décembre au matin, découvrant son collant accroché près de la cheminée et soigneusement garni de sucres d'orge et autres friandises ?

Point n'est besoin de s'appesantir ici sur les dix dernières années de sa vie, injustement assombries par des rumeurs persistantes qui faisaient peser un voile sur les nobles motivations qui inspiraient son Atelier d'éveil sensoriel.

C'est grâce à la dîme « spécial Félix » que j'ai su lever auprès de vous, mes chers administrés, qu'il n'est pas tombé dans une totale déchéance. Cet impôt, que certains membres de l'opposition municipale n'hésitèrent pas à qualifier d'injuste, aura permis la réalisation de la salle qui nous réunit aujourd'hui. Mais j'y reviendrai... Le renvoi de Félix de l'Éducation nationale a été le déclencheur d'une grave dépression nerveuse qui l'amena à attenter à sa vie de façon assidue. Pour ceux qui s'en souviennent, je décidai alors de l'héberger, au péril de mon couple qui n'y survécut pas. Madeleine, tu es là, je te vois, tu as épousé monsieur Chaubert et tu as bien fait. Tout est oublié.

Vous le savez, Félix Mangenot affectait un mutisme permanent. Il considérait son corps comme un instrument au service de son âme. Le jour où ce funeste camion le faucha en pleine gloire, il changeait la roue de notre tandem à Amsterdam, et fut happé d'un coup. Il fut traîné sur plus de treize kilomètres, et au moment où je le rejoignais, j'eus la chance de le trouver encore en vie, étonnamment loquace quant aux multiples lésions et fractures qui avaient disloqué son corps. Un des pompiers accourus sur place me confia qu'il n'avait jamais été témoin d'une telle dignité dans les hurlements. Plus tard, j'ai cru l'entendre dire « Pire qu'une tomate ! » à son supérieur, mais je maîtrise mal le néerlandais, aussi le mot « coulis » a pu m'échapper. C'est alors que, m'allongeant aux côtés de Féfé pour recueillir ses dernières volontés, je l'entendis murmurer distinctement : « Michel Galabru ». La suite, vous la connaissez : comme Félix n'a jamais emménagé dans la maison qu'il avait pu s'offrir grâce à la perception de la dîme, je décidai de la vendre afin de récolter les fonds nécessaires à la construction de la salle polyvalente dont nous avions toujours rêvé.

C'est tout naturellement que le nom de Michel Galabru, symbole de l'exigence artistique pour laquelle vécut Félix Mangenot, s'imposa à moi lorsqu'il s'est agi de la baptiser.

Michel Galabru, c'est la France qui tente, la France qui se bat, la France qui gagne ; il porte haut le slogan de Pierre de Coubertin : « L'essentiel est de participer », formule qui résume bien le parcours atypique de Félix, touche-à-tout de génie.

Et c'est autour de ce nom que nous avons fédéré les valeurs de nos jeunes et de nos moins jeunes sportifs : la santé, l'équilibre, le goût de l'effort.

Avec l'ouverture de la salle Galabru, c'est une ère nouvelle qui s'ouvre pour nous tous, un symbole tangible du dynamisme de notre commune. Chaque élève, chaque maman, chaque retraité reconnaîtra dans cette structure modernité, convivialité et fonctionnalité.

Mes chers amis, cette salle polyvalente, nous en avons tous rêvé, grâce à la volonté inébranlable du conseil municipal, elle est devenue une réalité à la hauteur de mes ambitions pour notre belle cité.

Alors qu'est venu ce grand moment d'émotion, alors que nous inaugurons ce chef-d'œuvre architectural futuriste, je finirai par ces quelques mots :

Vive la République ! Vive la France !

Vive la salle polyvalente !

Félix, je ne t'oublierai jamais !

[Devenez présentateur météo]

Chômeurs longue durée, joignez l'utile à l'agréable.

Avouez-le : à ce stade du livre, vous avez atteint un niveau d'épanouissement personnel inespéré. Vous savez de mieux en mieux qui vous êtes, vous ne prenez plus de Prozac, et vous avez retrouvé le goût des conversations simples et savoureuses.
La pluie et le beau temps sont deux axes majeurs de la reconquête de votre banal profond. Vous ne connaissez pas de plus grande joie que celle de commenter le temps qui fait à la boulangerie le matin. Poussez le bonheur jusqu'à élargir cette conversation à la France entière en devenant présentateur météo.

Voici un bulletin météo type :

« La France sera coupée en deux. Au nord de la Loire, grisaille et frimas avec l'arrivée d'une précipitation venue des îles britanniques, qui touchera les côtes bretonnes à la mi-journée. Mais, en début d'après-midi, l'anticyclone des Açores viendra repousser les nuages, qui s'éloigneront par le quart nord-est, où le seuil d'alerte intempéries sera largement dépassé à la tombée de la nuit. Des orages nocturnes risquent de frapper la Lorraine. (Faites un peu d'humour, entrez dans le quotidien des gens qui vous écoutent et concluez : « Rentrez votre linge et vos enfants ! »)
C'est au sud de la Loire que vous serez le plus chanceux. Plus vous vous approcherez de la Méditerranée, plus les éclaircies seront fréquentes.
Les températures : de 6 à 13 °C au nord ; de 35 à 50 °C au sud.

Demain, nous fêterons les Prosper. Le dicton du jour : « **À LA SAINT-PROSPER, MANGE DE LA GRUYÈRE !** » Pour nos amis du 9-3, une petite variation : « **À LA SAINT-PROSPER, NIQUE DEUX FOIS TA MÈRE !** »

Mais, attention ! c'est au moment où le réalisateur criera « Rendu antenne » que vous atteindrez le paroxysme de la jouissance physique humainement atteignable. En effet, vous saurez que dans la France entière, plus de 60 millions d'hommes et de femmes magnifiquement banals sont en train de commenter vos prévisions à grands coups de…

La météo, ils se trompent tout le temps.

Lui, c'est vraiment un connard.

Y a plus d'saisons depuis qu'il fait la météo.

Avec tous leurs satellites qu'ils envoient
dans l'atmosphère, ils détraquent le temps.

On est passé directement de l'hiver à l'été.

Ça se rafraîchit drôlement.

Je préfère un bon froid sec à un temps pluvieux et humide.

Quel temps de merde !

On n'aura pas eu d'été.

C'est toujours pareil : la semaine il fait beau
et le week-end il pleut.

Encore un hiver sans neige...

Faudrait qu'il pleuve pour les récoltes.

On sait plus comment s'habiller.

Le fond de l'air est frais.

Avec leurs usines chimiques, fallait s'y attendre.

Les jours raccourcissent à une allure !

T'en connais, toi, des Prosper ?

[Devenez commerçant équitable]

Chômeur longue durée, la planète te préoccupe* !

Le réchauffement climatique est un fléau**. À court ou moyen terme, on sera tous cuits ! Certains profitent de la situation (vendeurs de clims, Raël, George Clooney) mais pour les autres, (c'est-à-dire vous – car nous avons trouvé une solution, mais on peut pas en parler parce que ça ne marchera pas si on est trop nombreux), une seule question demeure : survivre !

Car ce n'est plus un secret pour personne : la terre a épuisé ses ressources.

Nous nous sommes procuré un rapport ultrasecret***. À la lecture de ce document de 80 pages écrit tout petit, sur format microfilm, le constat est sans appel...

---

* Pardonne le tutoiement intempestif mais le sujet que nous traitons ici nous pousse à une certaine proximité.

** Voir notre bulletin météo de la Saint Prosper.

*** Salut à toi, camarade de la CIA en poste au Chili, résidant à l'hôtel El Poncho !

1 - Lire un microfilm de 80 pages, ça fait mal aux yeux.

2 - Y aura pas assez de pétrole pour tout le monde.

3 - C'est peut-être pour ça qu'il y a la guerre en Irak.

4 - Y a déjà plus de saisons, alors laisse tomber dans dix ans...

5 - On mange trop souvent devant la télé et ça fout en l'air la cohésion familiale.

6 - Y a un putain de trou dans la couche d'ozone.

7 - À chaque fois que tu te fous du déo tu l'agrandis !

8 - Y a de plus en plus de moyens de communication mais les gens se parlent de moins en moins.

9 - Si les glaces continuent à fondre comme ça, y aura des baleines dans le Sahel.

10 - Les gaz à effet de serre, c'est une catastrophe !

11 - Les SMS, c'est pas bon pour l'orthographe des gamins.

12 - Avant 2017, t'auras des mouches grosses comme le poing.

13 - La faune et la flore sont grave en galère.

14 - On vit de plus en plus vieux, mais on est tout le temps malade, c'est chelou.

Ces révélations ne sont que la partie émergée l'iceberg, il y aurait d'autres choses à dire sur ce rapport de grande qualité, mais allons à l'essentiel. Il faut à tout prix que nous cessions d'être égoïstes, une prise de conscience est nécessaire. Nous, c'est fait, mais vous qui n'avez toujours pas donné un sens à votre vie, faites quelque chose d'utile : devenez Commerçant équitable.

Voici un florilège des phrases qui vous serviront sur le terrain lorsque vous irez à la rencontre des paysans du tiers-monde qui vous permettront de développer l'importation de cultures saines. Be careful, fais gaffe ! Il ne s'agit pas réellement de banalités. Ici, notre guide franchit parfois la ligne de notre extraordinaire cohérence pour coller à la situation. Par ailleurs, notre éditeur nous ayant invité à nous mettre au service du lecteur quoi que cela nous coûte, ceci est pour toi, vieux !

10 euros le kilo, tu me prends pour un con ou quoi ?

Je viens en ami !

Vous auriez pas un petit truc à bouffer ? J'ai une de ces dalles...

Il est bon ton café, le Gringo !

Si tu me le vends un peu moins cher,
on va se faire des couilles en or !

C'est cool chez vous, y a pas de boulot
mais y a pas de stress non plus.

Et la télé couleur, c'est en option ?

T'as pas de RIB ? T'es chiant.
Enfin on va s'arranger...

Non, tu viens pas en France avec moi,
je t'ai dit que je m'occupe de tout !

La majorité sexuelle, c'est à quel âge ici ?

Le papier toilette recyclé, il vient d'où ?

Vous, la canicule, c'est toute l'année !

Mais quelle planète on va laisser à nos enfants ?

Au cas où votre entreprise de commerce équitable ne produirait pas les profits escomptés, admettez que notre but commun aura été atteint dès lors qu'en quittant la France pour les pays en voie de développement, vous cesserez immédiatement d'être chômeur longue durée. Et, en cas d'échec, sachez rebondir : utilisez vos connaissances et intéressez-vous à l'énergie solaire !

[**Devenez décorateur**]

Chômeurs longue durée, on tient le bon bout !

À l'occasion de vos fréquentes visites à l'ANPE, vous avez feuilleté les innombrables revues de décoration qui sont à votre disposition dans la salle d'attente, vous êtes donc familiarisés avec des notions aussi variées que le cocooning, le design minimaliste, le feng shui et le space amenaging in harmony.
Mais vous n'avez sans doute pas su en dégager l'enseignement essentiel, aussi nous sommes là pour vous éclairer : la plupart des gens sont infoutus d'aménager leur appartement tout seuls !
Profitez de leur manque d'imagination, dépensez leur argent et monnayez vos conseils : devenez décorateur d'intérieur.

Les quelques banalitations qui suivent sont des sésames qui vous ouvriront les portes des maisons les plus huppées de France et de Navarre. Pour ce qui est du Nouveau Monde, nous ne promettons rien, mais c'est bien engagé.

Vous devez personnaliser votre intérieur.

Ce n'est pas qu'une question de mode,
votre chez vous doit vous ressembler.

Les toilettes aussi sont un lieu d'échange.

Les cuisines américaines n'ont plus le vent en poupe.
Et puis quand vous cuisinez du poisson...

C'est en agissant sur votre intérieur que vous agirez sur votre moi.

Ce n'est pas too much, c'est audacieux,
c'est vous !

L'imprimé léopard, c'est passé de mode depuis longtemps !

La taille du miroir devant la porte d'entrée reflète votre ego.

Ce n'est pas le lit qui doit être au nord, c'est votre tête.

Un intérieur réussi, c'est un mélange de genres,
n'hésitez pas à concilier pop art,
artisanat balinais et meubles chinés.

Les dégradés de beige et de crème sont
pour les gens qui ne prennent pas de risque.

Ça peut vous sembler cher sur le papier,
mais 30 000 € pour cette table, c'est cadeau !

Je comprends que ça vous plaise,
j'ai pris le même pour chez moi, c'est dire...

Vous verrez, vous passerez plus de temps
chez vous. Et pas uniquement pour rentabiliser.

Votre mari ne va pas aimer, c'est un bon critère.

Je sais exactement ce qu'il vous faut...

[Devenez interviewer de Miss France]

Malgré nos multiples propositions, vous êtes toujours chômeur longue durée, vous êtes maintenant en fin de droits et il s'agirait de se sortir le doigt !

Pardon pour le ton un peu péremptoire, mais nous avons du mal à accepter que quelqu'un de votre qualité en soit réduit à rouler des cigarettes toute la journée au PMU. Reprenez-vous ! Dans la mesure où nous avons épuisé toutes les ressources qu'offrent la fonction publique et les professions libérales – rappelons-le pour quelqu'un comme vous qui n'a pas été fichu de décrocher le moindre diplôme – nous avons inventé un métier exprès pour vous : intervieweur de Miss France.

Contrairement aux apparences, ce n'est pas un métier saisonnier, car, une fois coiffé le somptueux diadème, Miss France parcourra le pays sans relâche, brisant les cœurs, réconfortant les âmes en peine, devenant une fixation masturbatrice pour les plus de 80 ans, et ne laissant pas une foire à la saucisse de Belfort se dérouler sans elle.

Formation accélérée bonus ++ sur le métier d'intervieweur

Interviewer nécessite un sens aigu de l'écoute, et une capacité hors du commun à rebondir. Il vous faudra faire preuve d'une grande pugnacité afin de contrer les digressions lâches de celui qui tente d'esquiver une question embarrassante. Par ailleurs, la fibre diplomatique est indispensable pour que votre interlocuteur se sente en confiance et vous livre tous ses secrets de famille.

La technique que nous préconisons est celle du « 1-4 ».

Elle consiste à poser la question primordiale en premier, qui générera probablement un blocage systémique aléatoire, auquel nous répondrons par une autre question aussi inattendue qu'incongrue. À ce stade de l'interview, nous sommes en bi-feedback, on revient sur la question qui fâche, et Miss France est à votre merci. *She's nailed*. (De l'anglais « *to nail* » = clouer, *cf.* Jésus).

La quatrième question sera posée dans un éclat de rire qui impose une complicité nouvelle en laissant entendre que votre interlocutrice est drôle à s'en faire péter la pastèque.

Application pratique

Vous : Chère Miss France, votre mère, infirmière de jour à la maison de retraite des Mimosos, a été condamnée aux assises du Var à purger une peine incompressible de trente ans de prison pour, je cite, « acte de barbarie ayant entraîné une occlusion anale définitive sur la personne de M. Helmut X, ancien légionnaire ». Est-il vrai que vous étiez sur les lieux du crime et avez filmé la scène avec votre téléphone portable ?

Miss France : Queeeeeeouuuuaaaa ?
(À cet instant, il est probable que Madame de Fontenay tente de vous arracher le micro des mains, répliquez en lui enlevant son chapeau et en le jetant par la fenêtre tel un freesbee le plus loin possible, et reprenez imperturbablement. Vous êtes en phase 2 : question inattendue et incongrue.)

Vous : Vous êtes plutôt pâtes ou riz ?
(Elle hésite.)

Miss France : Euh, j'hésite...
(Dehors, Madame de Fontenay crie : « Il est où, ce putain de chapeau ? » C'est un précieux indicateur : elle est toujours neutralisée. Vous êtes en phase 3 : enfoncez le clou !)

Vous : L'an dernier, avant toute cette magnifique aventure de Miss France, vous étiez chômeuse longue durée en fin de droits, et vous auriez essayé de vendre les images de la torture de M. Helmut à Video gag. (NDLR : Sébastien Folin a décliné pour des raisons évidentes de décence.)

Miss France : Quuuueeeuuuuuouaaaa ?
(Vous êtes en phase 4 : éclats de rire et complicité nouvelle, il est temps de détendre l'atmosphère).

Vous : Slip ou caleçon ?

Miss France : Vous alors ! Ah, ah, ah !
(Madame de Fontenay est de retour, dûment chapeautée. Elle s'est écorché les deux genoux en tombant lorsqu'elle courait après son chapeau, mais ne vous en tient pas rigueur. Elle vous toise gentiment du regard : « Coquin, va ! »)

Au cas où les choses ne se passeraient pas aussi bien que prévu, voici une compilation des réponses communes à toutes les Miss France interviewées depuis 1953, afin de vous donner les moyens de rédiger l'interview parfaite.

J'adore les animaux.

La guerre c'est horrible.

J'aime ma mémé.

J'adorerais rencontrer Patrick Bruel.

Je suis contre le racisme.

J'aimerais avoir trois enfants, dont au moins trois adoptés.

J'ai lu tout Marc Lévy.

J'aimerais travailler dans la communication.

J'adore les voyages.

Je suis très romantique.

Après mon année de Miss France, j'aimerais partir en mission humanitaire.

Devenez présentateur d'émission culturelle

qui passe très très tard sur le service public*]

Chômeurs longue durée, les forçats de la plume que nous sommes ont passé de nombreuses nuits blanches à travailler sur cet ouvrage.

De votre côté, à force de ne rien faire, vous êtes devenu insomniaque. Lors d'une pause au milieu d'une nuit de labeur, nous avons découvert une émission de télé qui nous a inspiré un nouveau métier conjuguant votre absence de diplômes et de sommeil.

Nous vous entendons déjà vous insurger : « Mais j'aime pas lire, l'art j'y connais rien, le théâtre c'est chiant… » Mais fermez ta gueule ! Bien sûr qu'on y a pensé à votre inculture et à votre non-envie d'apprendre. Mais au risque d'en étonner plus d'un, nous vous révélons l'un des secrets les mieux gardés du monde hirsute de la télévision : pas besoin d'être cultivé pour animer un débat élitiste !

---

* Nous avions dit 10 métiers, mais « abondance de biens ne nuit pas » (attention, ce n'est pas une banalité, mais un proverbe), nous en avons donc ajouté un 11e.

Attention ! Ici, la banalité ne réside pas tant dans les mots que dans la posture ; nous allons donc énoncer les 5 principes qui feront de vous l'animateur classe que tout le monde s'arrachera.

1/ Toujours donner à son interlocuteur l'impression de comprendre ce qu'il dit (opinage du chef, sourire complice à l'évocation de parfaits inconnus, pouffage aléatoire mais mesuré…).

2/ Ne jamais contredire votre invité, ce qui sera d'autant plus simple que vous ne connaissez rien au sujet qu'il évoque, et n'avez donc pas matière à vous opposer à son discours.

3/ Côté look, plusieurs écoles s'affrontent, gardez à l'esprit qu'il vaut mieux un naturel assumé qu'une excentricité urticante.

4/ Être élitiste n'implique pas une hiérarchisation des sujets débattus. Dans le monde de la culture branchée, il n'est pas mal vu de comparer Henri Salvador à Mozart. C'est dire…

5/ Adoptez un regard triste, même si vous êtes un sacré-pas-l'dernier-boute-en-train ; en effet, la connaissance rend lucide, et donc grave.

5 *bis/* Dites bonsoir à chacun de vos invités, sauf au premier.

Nous y sommes, let's go, andiamo, vamos !

Vous disposez d'un dossier de presse, et votre assistance vous a préparé des fiches avec des questions hypercomplètes, une liste d'invités inégalable...

Natalia Barditchenko, *chorégraphe moldave*
Alain Lavache, comédien, *dramaturge et metteur en scène*
Gilberto Raï, *plasticien tatoueur*
Adrienne Chauvin, *poétesse*

Beau plateau, hein ?
Ça y est, vous recommencez à être inquiet, mais tout va bien !

Vous : Natalia Barditchenko, l'essentiel de votre travail consiste à verticaliser les corps. L'horizontalité du plan-sol, qui rencontre cette fulgurance, détermine un point de croix qui, pour reprendre vos déclarations, est le lieu de tous les fracas. Vos spectacles interrogent l'unique dans son rapport à l'autre. À bien y réfléchir, on est proche de Nijinski, qui disait : « C'est celui qui dit qui l'est. » Comme quoi le corps pour un danseur est une terra incognita qui se refuse à l'exploration facile. D'où ma question : « Est-ce pour ancrer le public dans votre perception de l'éphémère Loi de la Gravité que vous avez choisi de faire danser une troupe de lilliputiens dans votre dernier ballet ? »

Natalia Barditchenko : Non.

(En aucun cas, ne laissez voir que cette réponse négative vous a déstabilisé. Et, en vous tournant vers un autre invité, dites comme pour vous-même : « J'en étais sûr. »)

Vous : Cher Alain Lavache, *bonsoir…* Je dis « *bonsoir* » parce que c'est le nom du spectacle que vous avez joué durant deux ans au *Théâtre de la comédie nigérienne*. Il s'agit d'une performance : un monologue de neuf heures, sans entracte, au service de la démocratisation de la culture au Niger ; un projet initialement prévu pour cinq ans qu'une dysenterie permanente vous a forcé à écourter. L'expérience de la douleur conjuguée à celle de la nudité a nourri votre réflexion et vous a permis d'écrire une nouvelle pièce totalement faite d'onomatopées : *Un bout de collant dans la roue du tandem*, en hommage à votre premier professeur d'art dramatique : Félix Mangenot. La question qui nous brûle les lèvres à tous est : « Vous considérez-vous comme un acteur ou un comédien ? »

Alain Lavache : Euh…

(Hochez la tête, vous vous en doutiez, vous l'avez piégé, vous maîtrisez votre plateau, passez à l'invité suivant.)

Vous : Ola Gilberto, como te llamas ? Bon. L'an passé à Lyon, votre exposition *Des corps et des cris* a défrayé la chronique, plus à cause de l'accident lors du happening *Château de cartes humain,* que par ses qualités de bouleversement de la notion d'avant-garde néofuturiste. Et pour ma part, je trouve ça vraiment dommage.

(Froncez les sourcils).

Néanmoins, la rencontre entre la création brute et le fait divers a mis en abîme toute tentative de théorisation du réel. Je sais que vous préférez le silence à un long discours. Merci d'être là.

(Tournez-vous vers la dernière invitée d'un air menaçant.)

Vous : Adrienne Chauvin, votre dernier recueil de poésies *Déflore-moi exactement,* est vendu accompagné d'un hippocampe empaillé, je ne vous demande pas pourquoi – on a tous compris à quoi vous faisiez allusion ici. Mais le thème de l'émission de cette nuit étant la famille, j'ai tenu à vous inviter afin d'évoquer avec vous la décision de vos enfants et petits-enfants de changer de nom. À 92 ans, vous êtes toujours le chef de file de la littérature subversive française. Est-ce un choix philosophique comme vous le prétendiez en 1953, ou est-ce l'ordre impérieux de vos sens insatiables ?

Adrienne Chauvin : Cher ami, vous avez raison de dire...

Vous : Merci, Adrienne ! (C'est une émission en direct : le réalisateur vient de vous signifier dans l'oreillette que l'émission touche à sa fin et que la vieille on s'en fout. Reprenez le contrôle de votre plateau.) Bonne nuit et à demain !

[Devenez auteur-compositeur-interprète]

Dans notre immense mansuétude, nous n'avons pas attendu la parution de cet ouvrage pour faire circuler les fiches métier auprès de nos amis nécessiteux. L'engouement immédiat et quasi hystérique qui s'en est suivi a suscité chez nous une vive interrogation :

Ne serons-nous pas bientôt à l'origine de la saturation de quelques métiers ?

… car après tout, de combien de présentateurs météo la France peut-elle disposer ?

(Ne cherchons pas à le cacher : d'autres questions nous ont traversé l'esprit : Comment se fait-il que nos dirigeants se passent de nos services pour résoudre l'ensemble des problèmes que doit affronter la France ? À quand la Légion d'honneur ?)

Notre professionnalisme jamais démenti nous a donc conduit à vous proposer un métier supplémentaire : devenez auteur-compositeur-interprète.

Chômeurs longue durée, l'oisiveté n'est pas toujours mère de tous les vices ! Vous faites peut-être partie de ceux qui profitent de leur temps libre pour se cultiver en squattant la Fnac pour lire des BD ou écouter les nouveautés.

Il ne vous aura donc pas échappé que depuis quelques années, la chanson française s'est dépouillée de ses excès de lyrisme (Jeanne Mas, Desireless, Rose Laurens) pour faire place au dépouillement le plus complet.

Comme Benjamin Biolay, Raphaël, Vincent Delerm et consorts, souriez peu, semblez surpris qu'on s'intéresse à vous, et qualifiez tous les compliments vous concernant d'excessifs.

Pas besoin d'être parolier de talent, ou musicien inspiré, il suffit de porter un jean noir, un pull V déformé sur un t-shirt gris, et la voie est libre.

N'oubliez pas l'essentiel : ne vous coiffez sous aucun prétexte !

Côté artistique, voici quelques recettes qui vous propulseront immanquablement meilleur espoir aux prochaines Victoires de la Musique.

Les paroles

Pour commencer, ouvrez un dictionnaire et choisissez un mot au hasard.

Application : nous venons d'ouvrir le nôtre, et sommes tombés sur le mot « moquette ». À partir de là, amusons-nous à chercher quelques mots qui finissent en « -ette » : girouette, quéquette, fliquette, lopette, sucette, lingette, pirouette et cacahuètes.

Ça suffit !

Tâchez de les faire rimer sachant que la chanson doit être triste et avoir pour point de départ une rupture.

Depuis que t'es partie, je fume la moquette
On me traite de girouette
Je sanglote dans une lingette
Je me déguise en fliquette
J'suis vraiment qu'une lopette !

Vous tenez votre premier couplet !
Fastoche, non ?

C'est l'heure de passer au refrain : reprenez votre dictionnaire et choisissez un autre mot. Attention ! Il ne doit surtout pas se finir sur la même rime !
Nous sommes tombés sur « patate », mais l'un des auteurs a récusé ce terme. Sachez aussi ne pas être victime du hasard.

2e essai : sépia.
Autres mots : goujat, fracas, Falbala, baba, drap.

J'vois ma vie en sépia
T'étais ma Falbala
J'l'ai bien dans l'baba.

Emporté par votre inspiration, n'hésitez pas à sortir de la liste de départ :

J'ai l'choix entre me mettre un doigt
Ou partir au Nicaragua.

La musique

Vous avez bien parmi vos proches quelqu'un qui possède un piano ou une guitare. Selon le cas, plaquez des accords ou pincez à tout va. Dès que vous obtiendrez une suite de notes passablement harmonieuse, apprenez-la par cœur, et débrouillez-vous pour apposer votre texte dessus.

L'inverse est aussi possible : arrangez-vous pour que les notes collent au texte !

L'interprétation

Conseils de Song coach on the Banal side.

L'essentiel n'est pas d'avoir une voix, mais de trouver son style : nous en voulons pour preuve le succès jamais démenti d'Étienne Daho.

Vous pouvez bien sûr prendre des cours, mais :

1/ C'est cher, or ne l'oubliez pas : vous êtes chômeur longue durée !
2/ Vous risquez de tomber sur des auteurs compositeurs qui – fascinés par vos qualités vocales – en profiteront pour vous fourguer leurs chansons. Les droits d'auteur et de compositeur iront dans leur poche, et c'est inenvisageable.

3/ Grâce à la télé-réalité, vous savez que vous risquez de vous faire piétiner le ventre, ou de devoir ouvrir la bouche pire que si on vous enlevait une dent de sagesse. C'est parfaitement superflu, d'autant plus que dans votre situation, le temps presse.

Si vous chantez vraiment trop mal, devenez rappeur ou mieux, slammeur !

Vous n'avez aucun talent : vous n'arrivez ni à écrire deux lignes qui se tiennent, ni à composer trois accords harmonieux, ni à ânonner votre texte… **devenez producteur !**

Là, vous avez encore moins besoin d'être un artiste, car tout est question d'attitude et de verbe.

Traînez dans les cités, rencontrez des jeunes qui en veulent, et donnez-leur rendez-vous dans leur studio en arguant du fait que vos bureaux sont en travaux et que vous préférez sentir l'artiste dans son environnement.

Puis posez-leur un lapin. Attendez qu'ils aient laissé trois messages sur votre portable pour leur répondre que vous êtes débordé, et fixez-leur un second rendez-vous.

Cette fois, venez, mais avec deux heures de retard. Écoutez leur maquette et faites les commentaires suivants :

C'est bien, mais faut tout refaire.

Le mix est pas bon, faut qu'on entende plus la voix.

C'est qui votre ingé son ? Parce que moi j'ai le meilleur.

Pardon si je bâille, je suis en total jet lag.

C'est quoi votre budget ?

Je me décrédibilise si je présente le produit tel
quel en maison de disques.

Ah non ! Je ne peux pas vous garantir une signature…

Faut compter 5 jours de taf.
Mais attention, dans un vrai studio !

Je prends 12 000 €, mais pour vous
ce sera 8 000. Ou 3 000 en cash.

S'ils vous demandent ce que vous avez produit
dans le passé, souriez d'un air suffisant et répondez :

Mon coco, ça fait quinze ans que je suis
sur le tarmac entre L.A. et Los Angeles…

Voilà une affaire rondement menée ! Dès qu'ils vous ont réglé,
cherchez d'urgence un ingénieur du son au chômage, donnez-
lui 200 euros et laissez-lui faire tout le boulot.

concl

L'Affaire Antonio

À l'heure où nous mettons la touche finale à l'élaboration de cet ouvrage, nous apprenons une funeste nouvelle : Antonio de las Freitas n'est plus !

Les rubriques nécrologiques s'en chargeront, point n'est besoin de retracer ici l'itinéraire fulgurant de ce disciple de Kant et Descartes auquel – dans un élan louable d'humilité – nous avions demandé de préfacer ce livre.

Soyons bien clairs, nous n'avons jamais eu besoin de qui que ce soit pour valider nos théories, mais nous reconnaissons volontiers la valeur des travaux de certains de nos contemporains.

196

usion

de las Freitas

Nous tenons à vous préciser sans plus attendre que les révélations que nous nous apprêtons à faire risquent d'en bouleverser plus d'un.

En ouverture de ce manifeste, conscients des risques inhérents à toute prise de position avant-gardiste en matière de pensée révolutionnant la planète, nous avions mentionné les représailles que nos écrits risquaient de susciter. Bien loin de nous alors l'idée qu'Antonio de las Freitas payerait de sa vie son soutien (tardif, nous y reviendrons) à notre œuvre.

Pour la bonne compréhension de ce que nous appellerons « l'Affaire Freitas » (la presse, bâillonnée par des lobbies politico-financiers sectaires ayant choisi de faire l'impasse sur ce sujet brûlant), nous nous en tiendrons à la plus stricte chronologie.

Lundi dernier, en première page d'un quotidien à grand tirage, Antonio de las Freitas faisait paraître une lettre ouverte sous forme de tribune assassine qui – nous pouvons désormais l'affirmer – lui avait été dictée sous la menace d'une arme.

Dans un souci de parfaite transparence, nous reproduisons cet étrange brûlot dans son intégralité.

Banaliciens,
je ne suis pas des vôtres !

Pour couper court aux rumeurs persistantes que font circuler les auteurs d'un ouvrage à paraître, *Manifeste* ou *Guide des Banalités* (il semblerait qu'ils n'arrivent pas à se mettre d'accord sur le terme, à croire que la nuance leur échappe...), je tiens à dissiper ici toute forme de doute quant à ma participation à ce projet pour le moins douteux. En effet, il y a quelques semaines de cela, j'ai reçu un avant-propos que je qualifierai sobrement de présomptueux, ainsi que trois ersatz de chapitres *À table !*, *Devenez intervieweur de Miss France*, ainsi qu'un curieux questionnaire intitulé *Le test Firmin*, sur lequel était collé un Post-it avec le texte suivant : « Cher ami, ne pensez-vous que ce test ne devrait pas plutôt s'intituler *Le test Jean-Pierre* ?.

J'ai cru alors à une blague de potache. Mais lorsqu'une semaine plus tard je reçus un appel à mon bureau de l'université de Harvard, d'une certaine Hélène G. éditrice à Paris, me demandant si ma préface serait bien prête à la fin du mois et me remerciant de la faire à titre gracieux, je compris qu'il ne s'agissait pas d'un canular.

Je lui rappelai que j'avais passé les cinquante dernières années de ma vie à tenter de moraliser les sciences sociales et que, en aucun cas, je ne prêterais mon nom à une telle mascarade.

Dès lors, mon secrétariat fut pris d'assaut par les auteurs susnommés pour lesquels des refus clairs et répétés restèrent sans effet.

D'un point de vue purement scientifique, il va sans dire qu'aucune théorie digne de ce nom n'est à extraire d'une telle lecture, et, d'un point de vue strictement humain, j'invite ces personnes, qui ont cru bon, depuis, de faire l'assaut de mon domicile personnel, à consulter un psychothérapeute voire un psychiatre, mais en aucun cas l'un de ceux qui pourrait se recommander de leur enseignement.

Il peut paraître exagéré d'occuper la page « Débats » d'un grand quotidien pour faire état de telles billevesées, d'autant que je réserve habituellement mes rares interventions dans la presse à des sujets autrement plus graves, mais à bien y réfléchir, nous traitons ici de l'un des fléaux du siècle : l'utilisation d'un discours néoscientifique à des fins bassement mercantiles à travers la manipulation des masses vulnérables.

Par ailleurs, je profite de ces quelques lignes pour mettre en garde les lecteurs désireux d'approfondir leur connaissance des comportements humains : suffisamment d'établissements et d'ouvrages sérieux sont à leur entière disposition pour qu'ils puissent se passer d'enrichir des auteurs peu scrupuleux qui font commerce de la détresse humaine.

Antonio de las Freitas

Docteur en psychologie cognitive
Président du Centre international
de recherche en sciences sociales

Prix Nobel de physique
Médaille Field

Docteur honoris causa des universités
de Harvard, Cambridge et Oxford

Vous pouvez aisément le deviner : nous sommes sortis de cette lecture flapis. Le coup de fil de notre éditeur Hélène G. (lectrice assidue de la page « Débats » du quotidien non susnommé) ne se fit guère attendre et ne contribua guère à nous redonner le moral. Pour être concis, il nous suffira de préciser que les termes « honte » et « juridique » sont revenus plusieurs fois dans la conversation, afin que vous mesuriez l'étendue du désastre. Nous perdions à la fois un ami et une éditrice fidèle et compétente.

En plein cœur de la tourmente, la réception simultanée sur nos trois téléphones portables d'appels étranges faits de respiration et de râles insistants nous mit la puce à l'oreille et donna lieu à une réunion tripartite houleuse*. Néanmoins la conclusion s'imposa : non seulement de la Freitas n'était pas l'auteur de ce torchon, mais en plus il cherchait à nous joindre !

Il nous restait deux choses à faire :

1/ Convaincre notre éditeur de notre absolue honnêteté intellectuelle.

2/ Sauver Antonio de las Freitas des griffes d'on ne sait pas qui.

Pour ce faire, nous avons commencé par faire parvenir les minutes de notre réunion houleuse sous pli anonyme (histoire

---

* Pour ceux qui souhaiteraient suivre le cheminement de notre pensée, sachez que nous avons coutume d'enregistrer toutes nos réunions, et qu'un document sonore est disponible sur support CD auprès de notre éditeur.

qu'elle l'ouvre) à notre éditrice, qui écouta le document. Après nous avoir fait promettre de ne plus jamais lui mentir quant à l'accord d'éventuels préfaciers, et de renoncer à leur faire changer d'avis par harcèlement, elle accepta de revenir sur sa décision et de publier l'ouvrage.

Nous nous sommes excusés bien qu'en notre for intérieur nous savions que nous n'avions rien à nous reprocher, et soucieux de contredire toute accusation selon laquelle nous cherchons à nous enrichir, nous avons accepté de revoir à la baisse nos pourcentages de droits d'auteur.

C'est alors que, contre toute attente, Antonio de las Freitas succomba des suites d'une longue maladie.

La correction élémentaire nous imposait que nous présentions sans plus attendre nos condoléances à la secrétaire d'Antonio de las Freitas. Quelle ne fut pas notre surprise lorsqu'elle raccrocha en entendant notre voix. Trente-sept tentatives plus tard, elle accepta enfin de prendre connaissance de notre message amical, et, sans doute psychologiquement fragilisée par la souffrance qui la rongeait, nous fit une très longue réponse. La rigueur a dicté chaque page de cet ouvrage, et les dernières n'échapperont pas à cette règle, aussi nous l'admettons : nous comprenons très mal le portugais.

Malgré tout, de ce long monologue, nous avons pu extraire trois certitudes, représentant les trois points d'achoppement à la thèse officielle concernant nos rapports avec le défunt professeur.

1/ La mort du professeur de la Freitas, bien que liée à son cancer généralisé, ne peut être qu'accidentelle.
2/ Il n'a pas écrit l'immonde libelle reproduit ci-dessus.
3/ Il partageait nos idées et travaillait assidûment sur la Préface avec l'enthousiasme de ses premières découvertes.

Cette traduction littérale des propos désordonnés de la secrétaire trilingue, qui, pour notre sécurité à tous, a tenu à ce que cette conversation se déroule en portugais, constitue une preuve irréfutable de notre bonne foi !

In fine, un homme n'est pas mort pour rien, car c'est désormais en son nom que nous défendrons nos thèses quant à l'ultra-supériorité de la banalitude.

Testez vos connaissances

À l'heure où le rideau tombe sur cette lecture, le temps est venu de faire le bilan de vos compétences en banalologie.

Ce livre vous a donné une assise solide dans cette science qui est la nôtre, il vous a mené de l'ignorance à la compréhension, et de la compréhension à la connaissance.

Vous ne le savez peut-être pas, mais vous pouvez désormais prétendre au titre de banalologue. Il vous faudra transformer votre savoir en compétences.

Mais avant de transmettre vous-même ce savoir, il nous semble utile de vous permettre de tester vos connaissances.

Selon une de nos études, 80 % des Français lisent en diagonale, au risque de passer à côté du message essentiel d'un ouvrage. Cela équivaut à commander une pizza Mimmino pour ne manger que les olives !

Vérifiez que vous êtes imprégné, voire imbibé de la science du banalitage en répondant au questionnaire suivant.

1/ Quel est le nom de famille de M. Helmut ?

2/ Quel terme scientifique désigne la technique préconisée pour l'interview de Miss France ?

3/ Quel est le nom de l'atelier animé pendant près de quarante ans par Félix Mangenot ?

4/ Quel est le prénom du jeune terroriste de 8 ans que le légionnaire prend sous son aile ?

5/ À quelle page se trouve la banalité « Vous avez trouvé facilement ? »

6/ De quelle marque est la savate qui permet à l'infirmière de jour de prendre le dessus lors d'une de ses nombreuses altercations avec M. Helmut ?

7/ Quel est le nom de l'hôtel où résidait l'agent de la CIA qui nous a livré le rapport secret sur l'état de la planète ?

8/ Quelle est le nom de la salle polyvalente inaugurée par le maire ?

9/ Quels sont les trois points d'achoppement à la thèse officielle de la mort d'Antonio de las Freitas ?

10/ Comment s'appelle la star du X qui témoigne des bienfaits de la banalogie ?

Question subsidiaire :

Que disent les habitants du 9-3 le jour de la Saint-Prosper ?

Toutes les réponses sont dans le livre.

Remerciements

A Christophe Herlédan, Jeff Damois, Valérie Milot, Stéphane Echart, Catherine Salès, Lionel Rosso, Jérôme Hoessler, Christian Décamps et Yves Milon, lequel n'a absolument rien à voir avec cet ouvrage, mais a un besoin aussi maladif que convulsif d'entendre parler de lui.

Au moins deux des auteurs dédient ce livre à la famille Krantz et à Matthieu Gobbi, banalisateur émérite.

Dépôt légal : novembre 2007
ISBN : 978-2-501-05533-8
40 8203 8
Édition 01
Imprimé en Espagne par Macrolibros